AF277327

VERBUM ✳ ENSAYO

SEDUCTORES. LOS DONJUANES
MÁS CÉLEBRES DE LA HISTORIA

colección Ensayo

Dirigida por: ÁNGEL ESTEBAN

Verbum Ensayo se enfoca en los campos de la filología, la estética, la filosofía y la historia, fundamentalmente. Atesora las obras de los ensayistas y estudiosos más importantes de todos los tiempos y presta especial cuidado a estudios de autores hispanos como José Ingenieros, Miguel de Unamuno, José Enrique Rodó, José Olivio Jiménez, Roberto González Echevarría, Humberto López Morales, Leonardo Padura Fuente, Alejo Carpentier, Roberto Fernández Retamar, José Carlos Rovira, Virgilio López Lemus, Jesús G. Maestro, Alejandro Martínez, Ángel Díaz Arenas, Rolena Adorno, Enrique Gallud Jardiel, Vicente Cervera Salinas, Jesús Jambrina, Gema Areta, Ángel Esteban, José Luis Villacañas, Carlos Javier Morales, Javier Huerta Calvo, José Manuel Camacho, Elena Poniatowska, entre otros.

Muchos de estos títulos forman parte de las referencias bibliográficas de numerosos cursos doctorales, másteres y grados en universidades de España, resto de Europa y EE.UU.

ALEJANDRO ALCALÁ

SEDUCTORES. LOS DONJUANES MÁS CÉLEBRES DE LA HISTORIA

Editorial
VERBUM

© de los textos: Alejandro Alcalá, 2025
© de la Imagen de portada: Iván García
© de esta edición: Editorial Verbum, 2025

Tr.ª Sierra de Gata, 5
La Poveda (Arganda del Rey)
28500 - Madrid
Teléf.: (+34) 910 46 54 33
e-mail: info@editorialverbum.es
https://editorialverbum.es

I.S.B.N.: 978-84-1136-992-3

Diseño de colección: Origen Gráfico, S. L.
Preimpresión: Adrians Esquivel Romero
Printed in Spain / Impreso en España

Este libro ha sido
impreso con papel
ecológico procedente
de bosques sostenibles.

Fotocopiar este libro o ponerlo en red libremente sin la autorización de los editores
está penado por la ley.

Todos los derechos reservados. Cualquier forma de reproducción, distribución,
comunicación pública o transformación de esta obra solo puede ser realizada
con la autorización de sus titulares, salvo excepción prevista por la ley.
Diríjase a CEDRO (Centro Español de Derechos Reprográficos, www.cedro.org)
si necesita fotocopiar o escanear algún fragmento de esta obra.

ÍNDICE

Prólogo: El mito del seductor

Desde hace siglos, el nombre de Don Juan despierta la imagen del conquistador incansable, del hombre capaz de hechizar con palabras y gestos a cualquier mujer, para después abandonarla. No hablamos simplemente de un mujeriego, sino de un símbolo cultural cargado de significados: el Don Juan encarna la transgresión de las normas amorosas y morales de cada época. En palabras de un crítico contemporáneo, el arquetipo ha seguido el curso de la moral imperante en cada época.

Originado literariamente en la España del Siglo de Oro, el mito ha sido reinventado una y otra vez, como si cada generación necesitara mirarse en su espejo para proyectar sus propios deseos, temores y contradicciones. Ahora bien, conviene precisar: no todo seductor es un Don Juan. El psicólogo argentino Luciano Lutereau traza una distinción entre el seductor común y el Don Juan mítico. Según él, Don Juan es aquel capaz de llegar a lo más íntimo de una mujer, de forzar su deseo. No es Casanova, cuya actitud consiste en darle a la mujer eso que de sí misma aún no conoce. La diferencia no es trivial: mientras Casanova seduce para complacer, Don Juan lo hace para dominar. La conquista no es un medio, sino un fin en sí mismo; el deseo femenino, un desafío que debe ser vencido. Por eso su figura suele teñirse de egoísmo, de narcisismo, de una rebeldía que desafía la moral establecida.

El nacimiento literario del personaje se atribuye a Tirso de Molina, quien en 1630 estrenó *El burlador de Sevilla y convidado de piedra*. Allí aparece por primera vez un Don Juan que proclama su célebre lema: "¡Tan largo me lo fiáis!", confiado en lo lejano que ve el castigo por sus actos. A partir de esta obra fundacional, el arquetipo del seductor impenitente —que no respeta ley divina ni humana— se convirtió en un mito de alcance universal. Don Juan no solo desafía a padres y maridos, sino también a Dios, encarnado en la estatua del Comendador muerto, que regresa del más allá para arrastrarlo al infierno.

¿Por qué este personaje ha fascinado tanto durante siglos? Tal vez porque encarna una forma primitiva de rebelión contra las normas sexuales, una libertad radical que no admite ataduras. Don Juan seduce por el mero placer de conquistar, como si en cada asedio buscara algo que nunca termina de encontrar. ¿Acaso la belleza absoluta? ¿La confirmación de su propio poder? Su triunfo no está tanto en el acto sexual cuanto en el acto de abandonar a la mujer conquistada luego de doblegar su voluntad. El goce se encuentra, más que en el amor, en la fuga. Es el juego de la seducción convertido en su propio fin: erotismo sin medida, llevado al extremo de la temeridad.

A lo largo del tiempo, el mito ha sido leído desde ángulos diversos. Hubo épocas en que se le admiró como un héroe romántico, y otras en que se le condenó como un villano depravado. En el siglo XX, el médico Gregorio Marañón llegó a describir el "donjuanismo" como una forma de erotismo deformado hasta el delirio, una suerte de adicción patológica. Y en el siglo XXI, bajo la mirada crítica del feminismo, hay quienes ven en Don Juan un modelo agotado, emblema de una masculinidad en retirada. Aun así, el mito persiste. Cambia de rostro, se disfraza, pero no desaparece. Desde los antihéroes seductores de la ficción contemporánea hasta figuras reales cuyo encanto controversial llena portadas, Don Juan sigue habitando el imaginario colectivo, desafiando a cada generación a reinterpretarlo.

Antes de adentrarnos en los casos concretos, es oportuno hacer una aclaración: los Don Juanes de la historia no siempre se apellidaron Tenorio ni tuvieron un criado que llevara la cuenta de sus conquistas. Llamamos así, por analogía, a ciertos personajes reales cuya vida amorosa fue tan intensa o escandalosa que merecieron esa comparación. Del mismo modo, los Don Juanes de la ficción no se limitan al personaje original, sino que abarcan un vasto universo de reescrituras, homenajes, sátiras y subversiones en la literatura, la música, el cine y otras artes.

En las páginas que siguen exploraremos, en primer lugar, a algunos seductores históricos cuya leyenda personal los hizo parecer Don Juanes de carne y hueso. Luego, recorreremos las grandes figuras del seductor en la ficción: desde el teatro clásico hasta la novela contemporánea. Veremos cómo este mito ha sido recreado, reformulado y, en ocasiones, desacralizado. Comencemos, pues, nuestro viaje con los Don Juanes de la Historia.

PARTE I: DON JUANES DE LA HISTORIA

Pocas figuras históricas encarnan la imagen del seductor tanto como Giacomo Casanova (1725-1798). Este veneciano, cuyo propio apellido se ha vuelto sinónimo de conquistador amoroso, vivió una vida de novela picaresca llena de viajes, duelos, intrigas y, sobre todo, amoríos. Él mismo dejó escrita su leyenda en sus memorias —*Historia de mi vida*— donde llega a mencionar hasta 116 amantes con nombre y apellido. Casanova se presentaba como un *amante de la libertad* y del placer, capaz de seducir por igual a aristócratas, actrices, damas casadas, prostitutas e incluso monjas. "Desde que me sentí nacido para el sexo opuesto, siempre la he amado y he dejado que ella me amara, tanto como he podido", escribió, resumiendo su filosofía de vida. Esta famosa confesión —*nacido para el sexo opuesto*— evidencia que veía la seducción casi como un destino personal.

No obstante, pintar a Casanova solo como "mujeriego empedernido" sería simplificarlo injustamente. Sus contemporáneos también lo conocieron como sacerdote (llegó a tonsurarse de joven), diplomático, espadachín, jugador, espía, e incluso escritor erudito. Un biógrafo destaca que Casanova admiraba y respetaba sinceramente a las mujeres que conquistaba, y que las trataba "como si fueran sus iguales, y las desnudaba como si fueran sus superiores". Lejos del depredador insensible, él procuraba —según sus memorias— el placer y bienestar de sus amantes por encima de todo. De hecho, Casanova criticaba al seductor cruel: "El seductor de profesión, que hace de la seducción un proyecto, es un hombre abominable... un verdadero criminal que... abusa... para hacer infeliz a una mujer", insiste en sus escritos. Paradójicamente, el hombre cuyo apellido hoy evoca al célebre donjuán, repudiaba al conquistador que seduce por deporte y lastima sentimientos.

Las aventuras de Casanova son legendarias. Se cuenta cómo escapó de una prisión en Venecia de forma casi milagrosa, o cómo deslumbró a cortes europeas con su ingenio polímata, ya que fue un hombre con gran cultura. Una de sus amantes, la misteriosa Henriette, lo marcó profundamente: tras vivir un idilio perfecto, ella lo dejó grabándole en el cristal de una ventana "¡También olvidarás a Henriette!". Casanova confesó que aquella separación casi lo llevó al suicidio y que nunca pudo olvidarla del todo. A diferencia del Don Juan literario, muchas de las mujeres que pasaron por su vida no lo odiaron, sino que guardaron buen recuerdo. "Ninguna de ellas se sintió ultrajada... cuando se separaban era de mutuo acuerdo... a menudo se sentían mejor después de su relación con él", señalan los estudios. Esto sugiere que Casanova, más que "engañador", fue un amante generoso que supo dar felicidad (efímera pero real) a sus parejas.

Hacia el final de sus días, arruinado y envejecido, Giacomo Casanova vivió modestamente como bibliotecario en un castillo en Bohemia —ironías del destino para quien había brillado en los salones de París y Viena—. Pero su nombre ya se había ganado la inmortalidad. En la cultura popular, Casanova es el libertino por excelencia, celebrando los placeres sensuales sin remordimiento. En la ciudad de Venecia lo reivindican hoy como hijo ilustre: «Casanova fue un gran pensador, escritor y filósofo, que injustamente ha entrado en la historia solo como un gran amante», reclama un historiador italiano. Sea como fuere, esa faceta de amante legendario es la que perdura en el imaginario colectivo. Casanova vivió amando y, sobre todo, haciendo que lo quería, con total libertad y libertinaje. Su vida prueba que, detrás del mito del seductor, puede haber no solo frivolidad sino también pasión auténtica y un profundo disfrute de la compañía femenina.

DONATIEN ALPHONSE FRANÇOIS DE SADE: EL LIBERTINO TRANSGRESOR

Mientras Casanova seducía buscando placer mutuo, otro aristócrata del siglo XVIII llevó la búsqueda del placer a territorios oscuros: Donatien Alphonse François, Marqués de Sade (1740-1814). El Marqués de Sade pasó a la historia por dar nombre al "sadismo" debido a las prácticas extremas y a menudo crueles que describió (y, según varias acusaciones, practicó) en su vida libertina. Sade fue un noble francés que escandalizó a su sociedad con orgías, abusos y escritos pornográficos y filosóficos que desafiaban todos los tabúes. A diferencia del seductor romántico, Sade exaltaba un libertinaje feroz, donde la búsqueda del propio goce podía implicar el sufrimiento ajeno. En sus obras, como *Justine* o *La filosofía en el tocador*, propuso una ética invertida: el vicio como virtud, la crueldad como forma suprema de placer. "Siempre se llega al placer a través del dolor", escribió en una de sus máximas, reflejando su creencia en la íntima conexión entre ambos.

El Marqués de Sade llevó una vida disoluta plagada de incidentes escandalosos. Fue acusado de secuestrar y maltratar prostitutas, de blasfemia y sodomía, por lo que pasó cerca de 30 años encarcelado en distintas prisiones y en el manicomio de Charenton. Paradójicamente, fue en prisión donde escribió la mayor parte de sus incendiarias novelas. Sade se concebía a sí mismo como un espíritu libre radical, enemigo de la hipocresía social y religiosa. Llegó a proclamar que "la hipocresía es el colmo de todas las maldades", denunciando la falsa moral de su época. Su obra empuja los límites de lo representable: orgías multitudinarias, descripciones minuciosas de todo tipo de perversiones sexuales, crímenes presentados con fría lucidez. Todo ello le ganó fama de "monstruo" aún en vida. Sin embargo, los surrealistas del siglo XX lo reivindicaron como paladín de la libertad absoluta del deseo y de la imaginación. Para André Breton, Sade era "el espíritu más libre que haya existido".

Como seductor histórico, el Marqués de Sade no se parece en nada al galán romántico. No conquistaba con flores y versos, sino mediante el morbo y el dominio psicológico. Se dice que organizaba bacanales en su castillo de Lacoste con jóvenes sirvientes a quienes forzaba a actos extremos. Transgresión es la palabra clave de su vida y obra. Sade buscó traspasar todas las fronteras: morales, sexuales, religiosas. "El sentimiento y el arte de seducir son dos cosas muy diferentes; ¿para qué gastar el primero si triunfáis mediante el segundo?", dejó escrito en una de sus cínicas reflexiones. Esta frase sugiere que prefería la manipulación calculada (arte de seducir) antes que involucrar sus propios afectos (sentimiento). En efecto, su figura encarna al libertino frío y amoral, que ve en los demás solo instrumentos para su goce.

Sin embargo, sería injusto no reconocer la influencia intelectual de Sade. Detrás de sus excesos literarios había una filosofía materialista que negaba la existencia del mal absoluto —para él la naturaleza misma es cruel y "lo natural" incluye impulsos destructivos—. Sade llevó al extremo la idea ilustrada de la libertad individual: cada uno es dueño de buscar su felicidad (o placer) sin restricciones, aun a costa de otros. Esa ideología chocaba frontalmente con la moral religiosa y burguesa. Por eso sus contemporáneos lo silenciaron: sus libros fueron prohibidos y apenas circularon clandestinamente. Irónicamente, hoy Sade es estudiado como un autor clave para entender la cara oscura de la Ilustración. Su legado literario también alimentó muchas obras sobre Don Juan, en cuanto ambos comparten la idea de la sexualidad como territorio de desafío. El director de teatro Xavier Albertí ha señalado el paralelismo entre Tirso de Molina y Sade: ambos, en siglos distintos, usaron la figura de un libertino (burlador o libertino filósofo) para "liberar tensiones de la teatralidad de su tiempo" y dinamitar la moral imperante.

Si Casanova representa el lado luminoso del seductor galante, el Marqués de Sade representa su sombra: el seductor convertido en depredador. Allí donde Don Juan "burlador" al menos prometía amor (aunque mintiera), Sade proclama abiertamente que el amor es irrelevante y solo importa la búsqueda egoísta del placer. En la mitología popular, Sade no es admirado como Don Juan, sino temido. Aun así, su impronta es poderosa. Cada vez que la ficción moderna muestra a un seductor cruel, insensible o criminal, la huella de Sade se hace presente. Es el recordatorio de que la seducción, despojada de empatía, puede volverse destructiva. Con Sade, el mito del seductor alcanza su expresión más transgresora y siniestra, necesaria para comprender todo el espectro del Don Juan histórico.

LORD BYRON: EL POETA MALDITO Y SUS CONQUISTAS

"Mad, bad, and dangerous to know" ["loco, perverso y peligroso de conocer"], así describió Lady Caroline Lamb a su amante, el célebre Lord George Gordon Byron (1788-1824). La frase, originada en los escandalosos salones de la Regencia inglesa, captura la mezcla de atracción y temor que inspiraba Byron, el gran poeta romántico que vivió como un verdadero Don Juan. Byron fue hermoso, carismático, atrevido y poseedor de un aura de misterio autodestructivo. Conquistó los corazones de numerosas mujeres (y también de algunos hombres) en su corta vida, acumulando un historial de amantes digno de su fama. Desde damas de la aristocracia londinense hasta actrices, pasando por un célebre romance incestuoso con su media hermana Augusta, la vida amorosa de Byron fue un torbellino. Su separación escandalosa de su esposa Annabella y los rumores de amores prohibidos forzaron su exilio de Inglaterra en 1816. Desde entonces, deambuló por Europa y Oriente, seguido por la leyenda de gran seductor maldito.

Byron encarnaba el tipo de héroe romántico que él mismo retrató en sus obras: rebelde, atormentado, irresistiblemente atractivo y peligroso. Sus rasgos físicos combinaban masculinidades y delicadezas: un contemporáneo lo describió "imposible de olvidar una vez visto, con el rostro cincelado como un Baco antiguo, ojos azules salvajes, labio inferior carnoso y sensual, y rizos morenos indomables". Aunque cojeaba de un pie (tenía una deformidad congénita), lejos de restarle encanto, su ligera cojera parecía acentuar el aura romántica de alma herida. Las damas suspiraban por él; se hablaba de una auténtica "byronmanía" en la sociedad europea de la época. Cuando Byron visitó tierras mediterráneas vestido con atuendos exóticos —túnicas albanesas, pantalones turcos bombachos—, incluso el sultán otomano comentó incrédulo que aquel joven andrógino parecía "una mujer vestida de hombre". Byron jugaba con la ambigüedad y la teatralidad de su persona, convirtiéndose en una figura de seductor tanto femenino como masculino en su estética, lo que fascinaba aún más al público.

Las conquistas de Byron fueron muchas y tumultuosas. La más famosa, Lady Caroline Lamb, perdió la razón tras el romance: nunca se recuperó plenamente y llegó a acosarlo con cartas y escándalos públicos. Otra amante, la condesa Teresa Guiccioli, lo acompañó en sus últimos años en Italia y contaba que en su vejez exclamaba ante el retrato de Byron: "¡Qué guapo era! ¡Cielo santo, qué guapo!". Byron tenía ese magnetismo inexplicable que hace que quienes lo amaron no pudieran olvidarlo.

Al mismo tiempo, su temperamento era tempestuoso. Podía ser tierno y brillante en un momento, y colérico al siguiente. Se relata que en una discusión con su esposa, Byron arrojó un reloj al suelo y lo hizo añicos a bastonazos. Esa mezcla de encanto y violencia emocional alimentaba su leyenda oscura.

Curiosamente, Byron también escribió sobre Don Juan: su poema narrativo *Don Juan* (1819-1824) es una sátira monumental donde invierte el mito —presenta a Don Juan no como seductor, sino como un joven ingenuo a quien las mujeres seducen con facilidad. Este guiño literario revela la autoconciencia de Byron respecto a su propia fama. En cierto modo, Byron se veía reflejado en Don Juan, pero también se burlaba del arquetipo. Él mismo parecía debatirse entre ser Don Juan o criticarlo. En sus cartas y diarios, hay destellos de cinismo hacia el amor, pero también momentos de profunda melancolía, como cuando confiesa: "Tengo el corazón cansado —un hombre puede aguantar tanto y nada". Muchos biógrafos sugieren que tras su máscara de libertino, Byron buscaba en cada nuevo amor un ideal inalcanzable que siempre lo eludía, lo que lo sumía luego en el hastío.

Byron murió joven, a los 36 años, de fiebres, en Grecia, adonde había ido a pelear por la libertad de ese país. Murió convertido en leyenda romántica. Las mujeres de Missolonghi supuestamente mojaron pañuelos en su sangre como reliquia, y en toda Europa se lloró al "héroe poeta". Como seductor histórico, Byron sintetiza la figura del poeta maldito: tan admirado como condenado por su inmoralidad. Fue acusado de incestuoso, de sodomita, de perverso —pero a la vez, damas respetables suspiraban leyendo sus poemas y caballeros imitaban sus modas y atuendos. Su vida privada escandalosa elevó su aura artística. "Byron era un «hombre encantador», asediado y mimado por las mujeres", señala un análisis moderno, pero también fue un espíritu turbulento que acabó consumiéndose. Con Byron, el mito de

Don Juan adquiere dimensión romántica y trágica: el seductor es a la vez víctima de sus propias pasiones desbordadas. Su nombre permanece como símbolo del amante-poeta genial y destructivo, cuyos amores ardieron con la intensidad de un meteoro.

GRIGORI RASPUTÍN: EL "MONJE LOCO" Y LAS DAMAS DE LA CORTE

En las postrimerías del Imperio Ruso, un campesino barbudo y místico protagonizó una historia digna de leyenda: Grigori Yefimovich Rasputín (1869-1916). Conocido popularmente como "el monje loco", Rasputín pasó de ser un mujik (campesino) siberiano semianalfabeto a convertirse en consejero íntimo de los zares Nicolás II y Alejandra. Pero además de sus supuestos poderes curativos y proféticos, a Rasputín se le atribuyó un magnetismo sexual fuera de lo común. Si Don Juan es un hidalgo elegante y Byron un lord aristócrata, Rasputín es el seductor primitivo: sucio, desaliñado, casi salvaje, y aun así irresistible para ciertas mujeres de alta sociedad de San Petersburgo.

Las crónicas (y mitos) sobre Rasputín pintan un retrato fascinante. "Rasputín era repugnante, pero irresistible. Uñas negras, barba llena de sopa y modales de cochero, pero con unos ojos capaces de desarmar a neuróticas aristócratas con un parpadeo", relata vívidamente un cronista. Olía a establo, andaba con las botas sucias de barro… y sin embargo, muchas damas de la nobleza se sentían hechizadas. "No sabía leer del todo, pero entendía perfectamente cómo embelesar a una emperatriz desesperada, seducir a una noble aburrida y petrificar a una dinastía entera con una mirada", se ha escrito sobre él. Este contraste —lo repulsivo mezclado con lo hipnótico— convirtió a Rasputín en leyenda aún antes de su muerte.

¿Cómo un hombre así pudo ser un seductor? Su carisma es la clave. Rasputín emanaba una fuerza bruta y una convicción mística que muchas personas interpretaban como santidad… o como diabólica fascinación. Medía casi 1,93 m, con cabello largo, barba espesa y mirada penetrante: un físico imponente que combinado con su fama de "hombre de Dios" intrigaba a las mujeres de la corte. Se rodeó de un círculo de devotas —generalmente aristócratas aburridas de sus matrimonios— que buscaban en él guía espiritual y, según se decía, consuelo carnal. El propio apodo "Rasputín" significa en ruso "libertino" o "disoluto", como un presagio de su rol. Él predicaba una extraña doctrina: para acercarse a Dios primero había que pasar por el arrepentimiento, y para arrepentirse primero era necesario pecar. Esto le servía de excusa para entregarse a orgías de bebida y sexo con sus seguidoras, quienes veían en esos actos una suerte de purificación a través del pecado.

Puertas afuera, Rasputín fingía ser un asceta piadoso. La emperatriz Alejandra lo veneraba porque aparentemente consiguió aliviar la hemofilia del zarevich Alexei con sus oraciones. Pero puertas adentro, Rasputín llevaba una doble vida disoluta: "Delante de sus admiradoras, cultivaba una personalidad sobria y sabia… pero, en privado, no tenía freno con el alcohol y se comportaba como un depredador sexual". Hay testimonios de orgías en bañeras de aguas aromáticas donde Rasputín, rodeado de aristócratas desnudas, predicaba una salvación un tanto herética. Se le ha llegado a llamar "el dominador de mujeres", rodeado de rumores sobre su insaciable apetito sexual y hasta sobre atributos físicos desmesurados (su enorme miembro viril fue conservado como reliquia macabra, según una leyenda).

La influencia de Rasputín en la corte provocó odio y temor. Para muchos nobles, este campesino lascivo "embrujó" a la zarina y corrompió al gobierno. Finalmente un grupo de aristócratas conspiró para asesinarlo en 1916. La historia de su muerte alimentó aún más el mito seductor: lo invitaron al palacio Yusupov con la promesa de presentarle a una bella dama (la princesa Irina), le sirvieron vino y dulces envenenados —que no le hicieron efecto—, luego lo balearon, y aun malherido él se levantó intentando estrangular a sus agresores, hasta que a duras penas lograron matarlo y arrojaron su cuerpo al río Nevka. Esta resistencia casi sobrenatural afianzó la idea de que Rasputín era un ser demoníaco e inmortal, un seductor satánico al que ni el veneno ni las balas podían doblegar fácilmente.

Tras su muerte, las mujeres de San Petersburgo habrían pasado a hurtadillas junto a su cadáver, arrancando pedacitos de su ropa o cabellos como recuerdos —similar a las damas que guardaron mechones de Byron. Puede que sea solo folclore, pero ilustra la continua fascinación del personaje. En Rasputín vemos un Don Juan campesino y místico, cuyos métodos de seducción estaban lejos de la poesía: su arma fue una mezcla de sugestión espiritual y magnetismo animal. Don Juan engañaba con promesas de matrimonio; Rasputín, con promesas de salvación del alma. Ambos, sin embargo, "forzaban el deseo" femenino a su modo. Rasputín demuestra que el mito del seductor no pertenece solo a los salones elegantes —puede surgir en las circunstancias más insólitas, incluso en la persona menos refinada, siempre que posea esa enigmática capacidad de fascinar. Su caso añade al arquetipo un elemento de ocultismo y fatalidad muy del gusto de la época finisecular. A la postre, Rasputín es recordado como el último gran "demonio seductor" de la historia real, cuya caída presagió también el fin de una era, la Rusia imperial.

RUDOLPH VALENTINO: EL PRIMER *LATIN LOVER* DE HOLLYWOOD

En el siglo XX, con la irrupción del cine, nació un nuevo tipo de seductor de alcance global: la estrella cinematográfica. Y ningún nombre brilla más en los albores de Hollywood como el de Rodolfo Valentino (1895-1926), apodado "The *Latin Lover*". Valentino, actor de origen italiano, se convirtió en el primer *sex-*

symbol masculino de la pantalla grande, encendiendo pasiones en millones de espectadoras de la década de 1920. Con su belleza morena exótica, sus ojos penetrantes delineados con rímel y su mirada "matadora", Valentino encarnaba en el imaginario popular al amante ideal, misterioso y ardiente. Películas mudas como *Los cuatro jinetes del Apocalipsis* (1921), *El caíd* (The Sheik, 1921) o *Sangre y arena* (1922) lo mostraron ora como gaucho apasionado, ora como jeque árabe arrebatador, ora como torero seductor. En cada papel, las mujeres en la pantalla —y en las butacas del cine— caían rendidas ante su encanto.

La Valentino-manía fue un fenómeno real y sin precedentes. Cuando el actor aparecía en pantalla, se cuenta que las mujeres sollozaban, se desmayaban o lanzaban flores. Se reunían multitudes para verlo salir del estudio o del hotel, compitiendo por una mirada suya. Hollywood promocionó astutamente su imagen de *latin lover*, enfatizando su origen europeo, su acento extranjero, envolviéndolo en un aura de exótico romance. Valentino también alimentó ese mito en su vida personal con matrimonios y escándalos. Se casó dos veces (con actrices ambiciosas, una de las cuales, Natacha Rambova, cultivaba su imagen), y se rumoreaban infidelidades y dramas que mantenían a la prensa ocupada. Sin embargo, él parecía comprender que su atractivo residía más en la fantasía que en la realidad. Se le atribuye la frase: "Las mujeres no están enamoradas de mí, sino de mi imagen en la pantalla. Soy meramente el lienzo en el cual ellas pintan sus sueños". Con esta lúcida observación, Valentino reconocía que él encarnaba un símbolo —un espejo donde las mujeres proyectaban sus anhelos románticos ideales— más que un hombre de carne y hueso.

La muerte repentina de Valentino a los 31 años, por una peritonitis en 1926, desató escenas de histeria colectiva. En su funeral en Nueva York, más de cien mil mujeres enlutadas y lacrimosas desfilaron para darle el último adiós. Hubo noticias (quizá exageradas, quizá ciertas) de admiradoras que se suicidaron por la pena. Ninguna estrella masculina había provocado tal demostración emocional masiva. Fue como si Don Juan hubiera muerto en la vida real y todas sus "víctimas" lloraran su partida. Por supuesto, Valentino en persona no era ningún libertino disoluto; de hecho, fuera de la pantalla era más bien tímido y educado. Pero la imagen que proyectaba —ese amante latino apasionado— había cobrado vida propia en la imaginación popular.

Valentino aportó al arquetipo del seductor algo nuevo: el poder de los medios de masas. Él no sedujo a decenas ni a cientos, sino a millones de mujeres, todas al mismo tiempo, a través de la magia del cine. Su influencia prefiguró la de posteriores ídolos como Elvis Presley o los Beatles, con masas de fanáticas siguiéndolos y acosándolos. También enfrentó críticas peculiares: algunos hombres de la época lo acusaban de afeminado por sus maneras refinadas en pantalla (un periodista lo llamó despectivamente "el polvorosa rosa"). Pero esas críticas no hacían sino resaltar un hecho: Valentino había redefinido la masculinidad seductora, alejándola del macho rudo hacia un ideal más sensual, elegante y vulnerable. Él lloraba en pantalla, besaba con dulzura, se mostraba atormentado por amor —y eso resultaba novedoso y cautivante.

En suma, Rudolph Valentino fue el Don Juan de la era moderna: cosmopolita, accesible en el celuloide, objeto de adoración masiva. Representó una fantasía de seducción exótica adaptada al gusto de los felices años veinte. Tras su muerte, Hollywood buscaría nuevos *latin lovers* (como Ramón Novarro o Antonio Moreno), pero ninguno alcanzó su mito. En la historia cultural, Valentino permanece como el primer seductor cinematográfico, prueba de que el hechizo de Don Juan podía renacer en la pantalla y conquistar el mundo.

Hemos repasado a varios personajes históricos cuyos comportamientos donjuanesco les ganaron la fama de seductores. Pero vale preguntarse: ¿existió un Don Juan "real" que inspirase la leyenda literaria? La tradición española señala a veces a Don Juan Tenorio como un personaje histórico concreto, e incluso se ha propuesto la figura de Miguel Mañara como posible modelo. Miguel Mañara (1627-1679) fue un aristócrata sevillano cuya vida tuvo paralelos con el mito: en su juventud llevó una existencia disipada de desenfreno y amoríos, para luego, arrepentido, volcarse a la religión y fundar el famoso Hospital de la Caridad en Sevilla. Su transformación de libertino a santo popular hizo que muchos, ya en el siglo XIX, lo comparasen con Don Juan Tenorio. Prosper Mérimée y Alejandro Dumas (padre) escribieron versiones noveladas de Don Juan de Maraña inspiradas en Mañara, difundiendo la idea de que tras el Don Juan literario estaba la historia real de un pecador arrepentido. Incluso Hans Christian Andersen, tras visitar Sevilla, recogió la leyenda de que "don Juan Tenorio fundó un hospicio tras su conversión", identificándolo con Mañara.

Sin embargo, los historiadores modernos han puesto en duda esta identificación. Tirso de Molina estrenó *El burlador de Sevilla* hacia 1630, cuando Miguel Mañara era apenas un niño —difícilmente pudo inspirarlo. Es más probable que Tirso se basara sobre rumores de la corte madrileña. Una teoría apunta hacia Don Juan de Tassis y Peralta, II Conde de Villamediana (1582-1622), un poeta y cortesano famoso por sus escándalos amorosos, como posible inspiración del burlador.

Villamediana era notorio por sus conquistas galantes en tiempos de Felipe IV: se decía que "lo colocó en las camas más ilustres de la Corte, incluida la de la reina". Este conde atrevido llegó a insinuar su amor por la reina Isabel de Borbón con provocaciones públicas. Una anécdota cuenta que en una corrida de toros, la reina exclamó admirando su destreza: "¡Qué bien pica el conde!", y el rey Felipe IV replicó con celosa sorna: "Pica bien, pero muy alto", dando a entender que apuntaba demasiado elevado al pretender a la soberana. En otra ocasión, Villamediana apareció en un espectáculo luciendo el lema "Son mis amores reales" bordado en el traje —un juego de palabras vanidoso que todos entendieron como declaración encubierta de su aventura con la reina. Aquello fue quizás su sentencia de muerte: poco después, en 1622, el conde fue asesinado de un pistoletazo en la calle Mayor de Madrid. Muchos sospecharon del propio rey o de su valido como instigadores del crimen, para lavar el honor real. El asesinato de Villamediana fue el gran *thriller* del Siglo de Oro. En el imaginario popular quedó como el castigo al seductor temerario que se atrevió a todo. No es descabellado pensar que Tirso, fraile observador de la sociedad, se inspirara en este escándalo resonante para crear a un Don Juan noble que seduce damas y ofende a poderosos, y que finalmente recibe su merecido.

Además de Mañara y Villamediana, la historia ofrece el paradigma de otros donjuanes célebres. En la Francia ilustrada, por ejemplo, destacó Philippe, caballero de Lorraine, amante libertino de la cuñada del rey Luis XIV; en Inglaterra, el Earl of Rochester (John Wilmot), poeta del siglo XVII, llevó una vida de excesos sexuales que más tarde inspiró películas y novelas; en épocas más recientes, *playboys* internacionales como Porfirio Rubirosa (el diplomático dominicano de mediados del XX, famoso por casarse con múltiples millonarias) encarnaron a su modo el mito del seductor. Todos estos individuos reales vivieron existencias que la opinión pública percibió como "vida de Don Juan". De hecho, la psicología moderna acuñó el término "síndrome de Don Juan" para referirse a hombres (o mujeres) con compulsión a la seducción múltiple, incapaces de vincularse afectivamente y adictos a la conquista amorosa. Sigmund Freud habló del "Don Juan Tenorio como prototipo del polígamo", y otros como Marañón lo estudiaron médicamente. Hoy se vincularía quizá con la adicción sexual o ciertos rasgos narcisistas. Pero el Don Juan histórico no es un solo hombre, sino un mosaico de muchos. En parte, es construcción literaria; en parte, está inspirado por figuras de carne y hueso cuyos destinos resonaron con la idea del conquistador amoroso.

La leyenda de Don Juan ha sido lo suficientemente poderosa como para que algunas vidas reales se modelaran conscientemente en ella —ciertos libertinos parecieron imitar al mítico Tenorio—, y a la inversa, para que la ficción robara detalles de la realidad. Cuando pensamos en "los Don Juanes de la historia", vemos reflejado cómo cada sociedad tuvo sus seductores paradigmáticos: el cortesano insolente, el poeta disoluto, el gurú carnal, el galán de cine... Cada uno aportó un matiz distinto al mito eterno del seductor. Ahora, con ese bagaje real, pasemos a ver cómo la ficción ha retratado y reinventado una y otra vez a Don Juan, desde los escenarios teatrales barrocos hasta las novelas del siglo XXI.

PARTE II: DON JUANES DE LA FICCIÓN

TIRSO DE MOLINA: *EL BURLADOR DE SEVILLA*, NACIMIENTO DE UN MITO (1630)

La historia literaria de Don Juan comienza en España, a principios del siglo XVII, con la obra de teatro que detonó el mito: *El burlador de Sevilla y convidado de piedra*. Atribuida tradicionalmente al dramaturgo Tirso de Molina (seudónimo del fraile Gabriel Téllez), y estrenada alrededor de 1630, esta pieza es la primera aparición plena del personaje Don Juan Tenorio.

En *El burlador de Sevilla* se establecen todos los elementos centrales del mito: Don Juan es un noble joven, audaz y libertino, que seduce mediante engaños a mujeres de distintas clases (desde la duquesa Isabela en Nápoles hasta la pescadora Tisbea en la costa de Tarragona), prometiéndoles amor o matrimonio y luego abandonándolas; en el camino provoca la deshonra de familias, la ira de prometidos y padres, e incluso llega a matar en duelo al Comendador Don Gonzalo, padre de una de sus víctimas, doña Ana de Ulloa. Don Juan actúa movido por una máxima cínica: "Que largo me lo fiáis", que repite cada vez que alguien le advierte sobre el castigo divino o las consecuencias de sus actos, dando a entender que el día del Juicio final está muy lejano y mientras tanto él hará su voluntad. Esta frase —que incluso titula una versión primigenia de la historia, *Tan largo me lo fiáis* (1617)— se volvió proverbial para caracterizar la actitud irresponsable y descreída del personaje.

El clímax sobrenatural de la obra es la famosa escena del Convidado de piedra. Don Juan, tan atrevido que no respeta ni a los muertos, invita a cenar a la estatua funeraria del Comendador a quien mató. Para horror de todos, la estatua (el "muerto" agraviado) acepta la invitación y luego a su vez invita a Don Juan a cenar en su capilla. Don Juan acude —fiel a su bravata temeraria— y allí, durante la cena espectral, la estatua toma su mano con agarre helado y arrastra a Don Juan al infierno en castigo por sus pecados. "¡Qué tardanza la de la justicia divina, pero al fin llega!" —ese sería el mensaje moralizante que cierra la obra, explicitado por otros personajes que presencian el castigo. Tirso termina con la sentencia: "¡Quien tal hace, que tal pague!", subrayando el carácter ejemplarizante: el burlador burlado por el demonio, el seductor impenitente condenado a la perdición eterna.

En *El burlador de Sevilla*, Don Juan Tenorio es dibujado como encarnación del vicio juvenil: valiente hasta la temeridad, seductor brillante con las palabras, pero al mismo tiempo un engañador serial, sin empatía por el daño causado. No muestra amor auténtico por ninguna de sus conquistas; más bien las colecciona. En un momento se jacta de su método: seducir, gozar y huir. (En la posterior obra de Zorrilla esa idea se resume en los versos: "Dadme un día para enamorarlas, otro para conseguirlas, otro para abandonarlas… ", que bien podría aplicar al Don Juan de Tirso). El rasgo más innovador del Don Juan tirseano —lo que lo diferenció de otros galanes teatrales de la época— es su falta de arrepentimiento total. Hasta el último segundo, frente al fantasma del Comendador, Don Juan rechaza la oportunidad de arrepentirse sinceramente. A diferencia de otros pecadores que piden perdón al morir, Don Juan se mantiene desafiante, y por eso su condena es total. Este carácter arrogante, que se cree por encima de la moral humana y divina, fue interpretado por muchos críticos como símbolo del libertinaje anticlerical que empezaba a despuntar en el Barroco. De hecho, Tirso, siendo religioso, parece haber escrito la obra en parte como advertencia contra esa figura de "caballero ateo y amador" que quizá veía a su alrededor en la corte.

La fuerza de *El burlador* reside también en su riqueza teatral: alterna escenas de alto drama (como la muerte del Comendador) con otras de farsa y comicidad (las burlas de Don Juan a campesinas, las quejas cómicas de su criado Catalinón, equivalente de un Leporello). Esa versatilidad hizo que la obra tuviera enorme éxito y difusión por toda Europa. El personaje de Don Juan "tomó carta de ciudadanía en muchos países" desde entonces: a partir de Tirso, múltiples autores en Italia, Francia, Inglaterra adoptarían la historia del seductor castigado como propia. Así nació el mito universal de Don Juan. Tirso puede considerarse, por ello, el "padre" literario del personaje.

En cuanto a su estilo, Tirso puso en boca de Don Juan versos de gran belleza lírica. Aunque ninguna frase exacta de la obra ha llegado a ser tan famosa popularmente como las de versiones posteriores, hay pasajes memorables. Por ejemplo, las ardientes palabras con que Don Juan corteja a la pescadora Tisbea, prometiéndole el cielo para lograr su entrega. O su cínica máxima: "Tan largo me lo fiáis" que, como dijimos, condensa su filosofía. La importancia de Tirso es haber fijado los rasgos que luego todas las variaciones conservarían de algún modo: Don Juan es joven, aristócrata, atrevido hasta el sacrilegio, seduce a múltiples mujeres mediante ardid o labia, hace caso omiso de la lealtad y la honra, y al final enfrenta un castigo sobrenatural. Con esos ingredientes, la receta de Don Juan estaba servida para la posteridad.

El burlador de Sevilla nos presenta a Don Juan como un villano carismático: alguien a quien admiramos por su valentía y gracia, pero cuyas acciones reprobamos, un personaje con muchos matices y gran atractivo. Su figura podría leerse también en clave sociológica: el Don Juan tirseano es un símbolo de la decadencia aristocrática (jóvenes nobles ociosos dedicados a abusar de su rango para seducir y violentar el orden social). De hecho, la obra tiene un trasfondo crítico: exhibe cómo Don Juan rompe las "mecánicas sociales" represivas de su tiempo —especialmente las que coartan la libertad sexual femenina—, para usar las palabras de un director contemporáneo. En su osadía, Don Juan desnuda la hipocresía: revela que bajo la rígida moral hay deseo latente, y por eso es tan peligroso. Podría decirse que Tirso creó no solo un personaje, sino un debate moral que seguiría vivo durante siglos. Don Juan había nacido en la literatura, para nunca más morir, aunque en escena se lo llevara el infierno. Es el paradigma del conquistador o seductor, y por eso ha perdurado.

MOLIÈRE: *DOM JUAN OU LE FESTIN DE PIERRE* (1665)–EL SEDUCTOR HIPÓCRITA

El siguiente gran paso en la evolución del personaje ocurrió en Francia, de la mano del dramaturgo más importante de su siglo: Jean-Baptiste Poquelin, Molière. En 1665, Molière estrenó *Dom Juan ou le Festin de Pierre* (*Don Juan o el Festín de Piedra)*, ofreciendo una versión francesa del mito con tonalidades propias del teatro clásico francés y de la aguda sátira molieresca. Si Tirso había puesto el acento en la impiedad de Don Juan, Molière lo subraya aún más: su Don Juan no solo es libertino, sino abiertamente ateo e hipócrita.

En *Dom Juan*, ambientada en Sicilia, el protagonista es un gran señor casado que ya se ha cansado de su esposa reciente (Doña Elvire, a quien raptó de un convento) y vaga en busca de nuevas conquistas. Molière nos muestra a un Don Juan intelectualizado, que defiende un cínico racionalismo para justificar su conducta. En uno de los pasajes más famosos, Don Juan expone su filosofía de vida: "La hipocresía es un vicio de moda, y todos los vicios de moda se consideran virtudes". Es su respuesta irónica a la idea de aparentar devoción religiosa; Don Juan Molière finge convertirse en devoto al final, no por arrepentimiento sincero sino para encubrir sus desenfrenos, pues "el que logra fingir santidad puede hacer impunemente lo que quiera". Esta crítica mordaz a la hipocresía de los *dévots* (falsos devotos) de su época escandalizó a la Francia del Rey Sol, tanto que la obra fue censurada poco después de sus primeras representaciones.

El Don Juan de Molière mantiene todas sus artes seductoras: galantea simultáneamente a una campesina (Charlotte) y a su amiga delante del ingenuo prometido de esta; promete matrimonio a diestra y siniestra, miente con descaro para salir de apuros. Siempre acompañado por su criado Sganarelle —figura graciosa equivalente al Catalinón de Tirso—, Don Juan sale de un lío para meterse en otro con ingenio endiablado. Pero Molière le agrega una dimensión filosófica al personaje: su Don Juan argumenta y debate con Sganarelle sobre moral, se burla de los médicos, de los nobles hipócritas, e incluso tiene un célebre diálogo con un ermitaño mendigo al que trata de tentar con dinero para que blasfeme (el pobre anciano se rehúsa). En esa escena, Don Juan proclama: "Dos y dos son cuatro y cuatro y cuatro son ocho", es decir, solo cree en verdades racionales y tangibles, nada de fe ni superstición. Sin embargo, la estatua del Comendador (le Commandeur) que él mismo invita a cenar vendrá a demostrarle que hay algo más allá de su razón: nuevamente, el convidado de piedra aparece y exige arrepentimiento. El Don Juan francés también se niega, pese al terror de Sganarelle, y es tragado por las llamas del infierno en plena escena. En Molière es notable que tras la desaparición del protagonista, el criado exclama preocupado por sí mismo: "¡Mis salarios! ¡Mis salarios!", poniendo un remate cómico incluso en el momento solemne.

La versión de Molière destaca porque convierte a Don Juan en un personaje multifacético: es al mismo tiempo un seductor libertino, un aristócrata arrogante, un librepensador filosófico y un embaucador social. Molière lo utiliza para satirizar la sociedad francesa de su tiempo, especialmente la nobleza hipócrita y el falso moralismo religioso. De hecho, algunos estudiosos ven en el Don Juan de Molière un *alter ego* del propio autor, que tenía problemas con los devotos influyentes (recordemos que poco antes su obra *Tartufo*, sobre un hipócrita religioso, fue prohibida; Don Juan fue una forma velada de insistir en la crítica).

En cuanto al aspecto amoroso, Molière presenta a un Don Juan incluso más frío que el de Tirso. Hay una famosa línea en que justifica su infidelidad serial diciendo que la fidelidad es aburrida, que no puede soportar dejar de amar a una mujer porque "cada bella que ve, es una nueva conquista que hacer". Su *inconstancia* es parte de su naturaleza. Doña Elvire, la esposa engañada, acude a reprocharle su traición y Don Juan casi la admira por su pasión, pero no recula. En este sentido, Molière endurece al personaje: no hay siquiera la lealtad de un amor predilecto. Don Juan se define como insaciable coleccionista de conquistas. Es famosa la enumeración que hace Sganarelle del catálogo de mujeres abandonadas por su amo, preludio de lo que luego será el "catalogue" en la ópera de Mozart.

El legado de Molière al mito es significativo: su Don Juan añade la máscara de la hipocresía como tema central. Tanto es así que durante siglo y medio, la versión más conocida en Europa fue la suya, donde Don Juan es recordado sobre todo como el *hombre hipócrita que Dios castiga*. De hecho, la Iglesia francesa llegaría a citar la figura de Don Juan en sermones contra la impiedad. A la vez, literatos ilustrados admiraron la rebeldía intelectual de Don Juan. El marqués de Sade (nuestro viejo conocido) escribió que Don Juan representaba la "protesta más alta del individuo contra la sociedad y contra Dios".

Cabe destacar que, pese a su fondo crítico, *Dom Juan* de Molière es entretenidísima como comedia dramática. El diálogo es vivaz, con Sganarelle tratando torpemente de sermonear a su amo y quedando siempre en ridículo. Molière, con su genio habitual, logró que el público riera con el villano a la vez que lo condenaba. En la escena final, el castigo llega tan abrupto que el espectador casi lamenta que Don Juan desaparezca, porque su presencia en escena era arrolladora. Quizá esa ambivalencia —admiración y condena— es el sello de Molière sobre el mito: convirtió a Don Juan en un personaje atractivo intelectualmente, no solo físicamente, un rebelde cuyo desafío fascina incluso cuando sabemos que está equivocado.

Tras la muerte de Molière, su obra *Dom Juan* fue retirada durante mucho tiempo (la Iglesia la veía con malos ojos). No obstante, su influencia permeó otras versiones. Muchos libretistas y adaptadores franceses suavizaron la pieza quitando la irreligiosidad e hicieron a Don Juan más arrepentido (lo cual en la versión original de Molière no ocurre nunca). Hubo incluso versiones en las que Don Juan sobrevivía arrepentido —herejías dramáticas para purgar la historia de su elemento demoníaco. Pero la genialidad del Don Juan de Molière residía precisamente en su irreverencia absoluta hasta el final. Por eso, cuando en el siglo XX se recuperó el texto original, se volvió a apreciar su modernidad. Hoy, el *Don Juan ou le Festin de Pierre* es aplaudido por su vigor teatral y sus diálogos brillantes, especialmente el "monólogo de la hipocresía" que pronuncia Don Juan, considerado uno de los grandes momentos de la dramaturgia francesa: "No existe vergüenza ahora en eso; la hipocresía es un vicio de moda, y todos los vicios de moda pasan por virtudes". Y es que Molière convirtió al seductor mítico en espejo crítico de su sociedad, y en el proceso, lo enriqueció con una complejidad moral que perdura en versiones posteriores.

MOZART Y DA PONTE: *DON GIOVANNI* (1787)–ÓPERA DE SEDUCCIÓN Y CASTIGO

De los escenarios teatrales, el seductor pasó a los escenarios musicales con la que muchos consideran la obra cumbre sobre Don Juan: la ópera *Don Giovanni* de Wolfgang Amadeus Mozart, con libreto de Lorenzo Da Ponte, estrenada en Praga en 1787. *Don Giovanni* es descrita por Mozart como un *"dramma giocoso"*, es decir, mezcla de drama y comedia, y retoma fielmente la línea argumental del *Burlador de Sevilla* de Tirso, filtrada a través de la versión de Molière y adaptaciones italianas previas. Lo genial de Mozart es cómo la música eleva la historia a una expresión universal de pasiones: deseo, venganza, miedo, humor, todo está presente en sus arias y conjuntos de manera sublime.

El Don Giovanni que Mozart nos pinta es quizás el retrato definitivo del seductor en la cultura occidental: un noble español impenitente que vive solo para perseguir placeres. Desde los primeros compases de la obertura —que comienzan sombríos presagiando la escena infernal, para luego tornarse briosos— la ópera nos lleva por un torbellino de emociones. Don Giovanni entra en escena escapando de una de sus fechorías: ha intentado violar (o al menos seducir) a Donna Anna, cuyo padre, el Commendatore, lo enfrenta y muere en duelo a manos del libertino. Esto coloca de arranque el elemento trágico. Pero pronto la ópera exhibe su costado cómico con la interacción entre Don Giovanni y su criado Leporello, quien se queja de la vida que lleva sirviendo a tan incansable mujeriego.

Leporello protagoniza la famosa "aria del catálogo", momento brillante en el Acto I donde enumera, para una indignada

Donna Elvira (otra de las conquistas abandonadas), la interminable lista de mujeres seducidas por Don Giovanni. "Madamina, il catalogo è questo… ", canta Leporello mientras desenrolla una larga lista: "In Italia seicento e quaranta; in Alemagna duecento e trentuna; cento in Ispagna, in Turchia novantuna; ma in Ispagna son già mille e tre". Es decir: en Italia 640 mujeres, en Alemania 231, en Francia 100, en Turquía 91, pero en España… 1003. ¡Mil tres mujeres españolas! —remata Leporello—. Este pasaje, acompañado por una música vivaz casi cómica, da un tono ligero a la infamia de Don Giovanni, convirtiendo su deplorable récord en un momento de humor negro que arranca sonrisas del público. Con todo, subraya el carácter serial y casi burocrático de su seducción: no hay mujer que se le escape, "contessas, baronesas, marquesas, principessas… donne d'ogni grado, d'ogni forma, d'ogni età" — de toda clase, forma y edad. Esta sátira musical cristaliza al Don Juan como un coleccionista universal del amor, indiscriminado en su afán.

A lo largo de la ópera, vemos a Don Giovanni intentar nuevas conquistas incluso mientras huye de las consecuencias de las anteriores. Trata de engatusar a Zerlina, una campesina que está por casarse (con la célebre aria seductora "Là ci darem la mano", donde con halagos la invita a un rincón apartado para "darse la mano" y algo más). También se burla repetidamente de Donna Elvira, que oscila entre la furia y el amor por él. Sin embargo, Don Giovanni nunca aprende ni se arrepiente. Es más, Mozart acentúa su *joie de vivre* (alegría de vivir) hedonista: hay una escena en la que, a pesar de saberse perseguido por enemigos, se sienta a cenar opíparamente mientras una orquesta (en el escenario) le toca canciones, y él brinda por las mujeres hermosas y el buen vino. Esta imagen es poderosa: Don Giovanni festejando la vida al máximo, justo antes del desenlace fatal.

Porque, como en las versiones previas, el Comendador regresará como estatua para ajustar cuentas. Mozart maneja la escena final del convite con maestría musical: acordes graves de trombones subrayan la voz de ultratumba del Commendatore cuando este llama a la puerta. Don Giovanni, valiente hasta la locura, ordena a Leporello abrir. Entra la estatua y le exige arrepentirse. La música se torna dramática, con escalofriantes armonías. Don Giovanni primero brinda con la estatua, en burla, sin perder la arrogancia; cuando la estatua repite "Pentiti!" (¡Arrepiéntete!), él contundente responde "No!" una y otra vez. Finalmente, al estrechar la mano fría del muerto, grita porque el dolor le abrasa. Un coro de demonios irrumpe —efecto especial de la época— y Don Giovanni es engullido en las llamas entre acordes tumultuosos.

En la ópera, a diferencia de Tirso o Molière, sí se ve en escena (y escucha) cómo se lo llevan los diablos: un clímax sonoro y teatral impresionante que dejaba boquiabierto al público barroco y aún hoy eriza la piel.

Después de la catástrofe, Mozart cierra con un breve sexteto moralizante: los personajes supervivientes entran y cantan la moraleja ("Questo è il fin di chi fa mal!" ["¡Este es el fin de quien obra mal!]"). Curiosamente, muchas producciones modernas omiten este epílogo para acabar con el dramatismo de la caída de Don Giovanni. En cualquier caso, la obra de Mozart logra el equilibrio perfecto entre la condena moral y la celebración carismática del personaje. Porque Don Giovanni/Mozart, con su música seductora, nos hace cómplices: a pesar de sus crímenes, durante dos horas nos hemos deleitado con él, con su espíritu libre y su energía vital desbordante.

Mozart y Da Ponte añadieron además detalles ingeniosos: por ejemplo, durante la cena, Don Giovanni pide a su orquesta que toque canciones de otras óperas populares de la época; Leporello tararea melodías de Martín y Soler y de Paisiello, y Don Giovanni las comenta con humor —era un guiño metateatral. Esto refuerza su imagen de *bon vivant* culto y despreocupado en la antesala del infierno. También hay momentos que humanizan al seductor: en el dúo con Zerlina se muestra hábil pero dulce; en un recitativo, al darse cuenta de que Donna Elvira, pese a todo, aún lo ama, por un instante casi siente lástima (aunque enseguida bromea de nuevo). Son pinceladas que dan tridimensionalidad al personaje.

La influencia de *Don Giovanni* en la cultura es enorme. Beethoven la admiraba y dijo que "Mozart nos describió al mismísimo diablo en forma de música". La figura de Don Juan a partir de entonces quedó ligada a la ópera: durante el siglo XIX y XX, innumerables cantantes representaron a Don Giovanni en escenarios de todo el mundo, difundiendo el mito incluso donde la obra literaria original no era conocida. La seducción a través del canto añadía otro nivel: Don Giovanni seduce al público real con arias y encantadoras melodías mientras en escena seduce a sus víctimas ficticias. Por eso muchos dicen que *Don Giovanni* es la ópera más "seductora" en sí misma.

La versión de Mozart/Da Ponte consagra la imagen del Don Juan: audaz, jovial, aristocrático, libertino hasta el final, condenado por su propia elección de no renunciar al deseo. Cada aspecto del mito clásico está allí, realzado por la música: la larga lista de conquistas (¡1003 en España!), las mujeres ofendidas que buscan justicia, el sirviente que hace de contrapunto cómico/moral, la estatua vengadora, el descenso a los infiernos.

Si Tirso lo creó y Molière lo intelectualizó, Mozart lo inmortalizó emocionalmente. Después de *Don Giovanni*, el seductor impenitente quedó grabado para siempre en la ópera como símbolo tanto del encanto irresistible como de la *justa perdición*. Y es que quizá ninguna otra obra ha expresado con tanta belleza la eterna tensión que Don Juan encarna: la atracción del pecado y la inevitabilidad del castigo.

En la literatura del Romanticismo, varias plumas retomaron la leyenda de Don Juan, aportando nuevas sensibilidades. Un ejemplo notable es el del gran poeta ruso Aleksandr Pushkin, quien en 1830 incluyó entre sus *Pequeñas Tragedias* un breve drama titulado Каменный гость *(Kamenny gost)*, conocido en español como *El convidado de piedra*. Pushkin, admirador de Byron y de la tradición europea, decidió abordar el mito a su manera, haciendo algunos giros originales. Su *Don Juan* (a quien nombra Don Guan en ruso) es quizás el primero en la literatura que experimenta un amor sincero y redentor —aunque irónicamente el destino no se lo permite.

En *El convidado de piedra*, Pushkin retoma la situación base: Don Juan (exiliado de España tras sus correrías) regresa clandestinamente a Sevilla. Allí llora ante la tumba del Comendador Don Carlos, a quien mató; no llora de arrepentimiento, sino por soledad y frustración. En un movimiento novedoso, Don Juan se enamora perdidamente de Doña Ana, la viuda del Comendador (es decir, la hija o prometida del muerto en otras versiones, aquí convertida en su viuda joven). Don Juan la ha visto de lejos y queda obsesionado. Se introduce en su casa haciéndose pasar por otro —por un monje llamado Diego que era confesor del difunto— y así conversa con Doña Ana. Lo que sigue es un juego de identidad engañosa pero cargado de sentimientos genuinos: Doña Ana se siente atraída por este "monje" misterioso sin saber que es el asesino de su esposo, y Don Juan siente por primera vez un amor profundo, como nunca antes. Pushkin retrata a su Don Juan como cautivado por la pureza de

Ana y deseoso de redención a través de ese amor. En sus diálogos, el personaje muestra una vulnerabilidad y *una sed de eternidad en el instante amoroso* que no aparecían en versiones previas. Se diría que "en el amor, lo posee la eternidad del instante", es decir, se entrega completamente al momento amoroso como si el tiempo se detuviera.

La tragedia se precipita cuando Doña Ana invita a su pretendido confesor (Don Juan disfrazado) a volver a su casa al día siguiente. Eufórico, Don Juan se siente en la cúspide de la felicidad. Pero para cerrar su pasado, en un arranque de temeridad romántica, decide invitar a la estatua de Don Carlos (su víctima) a que acuda también a la cita. Lo hace casi como un desafío al destino, o tal vez como gesto simbólico de pedir perdón. Para su horror, la estatua asiente con la cabeza.

Al día siguiente, Doña Ana espera a su misterioso enamorado y Don Juan acude dispuesto a revelarle su identidad y a pedirle que huya con él. Ella, ya enamorada, parece dispuesta a aceptarlo, aunque se debate por la memoria de su marido. En ese momento crucial, llega el Convidado de piedra: la estatua de Don Carlos aparece en escena. Doña Ana descubre que su amante secreto es en realidad Don Juan, el asesino de su esposo, y lanza un grito. La estatua extiende su mano helada a Don Juan —similar a la escena de Molière/Mozart— y le exige irse con él. Don Juan, resignado quizás por amor (pues sabe que ha destruido la felicidad de Ana con su engaño), acepta su destino sin resistirse. La tierra se abre y se lo traga. Doña Ana cae desmayada. Fin de la obra.

Pushkin logra en pocas páginas condensar un drama intensamente romántico: amor y muerte entrelazados. Su Don Juan es sumamente original porque por primera vez vemos al seductor enamorado de verdad, casi como víctima de sus propios sentimientos. En lugar de reírse del muerto, lo invita sinceramente a expiar. En vez de negar el arrepentimiento, por momentos parece buscarlo. Algunos críticos señalan que el Don Juan de Pushkin prefigura una inversión: aquí es Doña Ana quien, de alguna manera, "seduce" a Don Juan hacia el bien, aunque fracasa trágicamente por la aparición del fantasma. El final no ofrece redención en vida para Don Juan, pero su mirada enamorada hacia Ana sugiere que murió amándola, quizá salvando su alma. Literariamente, Pushkin escribió *El convidado de piedra* en verso blanco (no rimado), con un estilo sobrio, casi seco, de diálogos directos. Esta contención poética intensifica el drama. El lenguaje es simple pero lleno de significado. Por ejemplo, cuando Don Juan, disfrazado, le habla a Doña Ana, cada frase tiene doble sentido (como confesor le dice cosas que a la vez revelan su pasión oculta). Para un lector ruso de la época, el personaje de Don Juan adquiría tintes del "héroe byroniano" —Pushkin era muy influido por Byron—, es decir, un hombre rebelde y cínico que oculta un corazón capaz de sentimientos profundos. Efectivamente, su Don Juan es casi un Byron enamorado, más cerca de Tristán que del burlador de Tirso, como apuntó el propio Pushkin en una carta: "Mi Don Juan es el amante único de una sola mujer, no el coleccionista alegre".

Aunque *El convidado de piedra* de Pushkin no es tan conocido fuera de Rusia, tuvo impacto local. Incluso inspiró una ópera: el compositor Dargomyzhski adaptó el texto de Pushkin casi literalmente en su ópera *Kamenny Gost* (estrenada póstumamente en 1872), que es peculiar porque toda la obra sigue la prosodia hablada exacta del texto, sin libretista, convirtiéndola en una especie de melodrama cantado. Esta ópera no alcanzó la fama de *Don Giovanni*, pero demuestra la potencia del drama de Pushkin.

En el contexto del mito, la contribución de Pushkin fue añadir una dimensión de posible redención por amor al personaje de Don Juan. Si hasta entonces siempre era castigado por soberbia, aquí casi hay compasión por su destino: sentimos que de no mediar lo sobrenatural, su amor por Ana pudo redimirlo. Este "Don Juan romántico" influirá en otras versiones posteriores, especialmente en la de Zorrilla en España, donde efectivamente Don Juan será salvado por el amor puro de Doña Inés. Podemos ver la línea: Pushkin 1830–Zorrilla 1844, ambos dando un giro sentimental al mito en plena era romántica.

Vale también señalar que, para Pushkin y los románticos, Don Juan representaba la figura del *artista rebelde incomprendido*, en lucha con la sociedad. De hecho, otra obra suya, *Mozart y Salieri*, escrita al mismo tiempo, menciona a Beaumarchais (autor de *Fígaro)* en diálogo donde Mozart alude a la obra de Molière y a la idea de genio y crimen. Los intelectuales románticos veían en Don Juan no solo al pecador sexual, sino al rebelde metafísico, un eco de Prometeo. Pushkin humanizó a ese rebelde dándole un corazón capaz de latir sinceramente por alguien.

La versión de Pushkin es una joya breve que aporta un Don Juan con alma sensible, sin perder su esencia trágica. Es el Don Juan que por un momento vislumbra el cielo del amor verdadero, pero sus propios pecados (encarnados en la estatua del muerto) se lo impiden. Esta noción de que el seductor puede amar y casi regenerarse sería muy influyente en el Romanticismo tardío. El mito ganaba así una nueva posibilidad: la de la redención amorosa, aunque en Pushkin quede frustrada. Veremos en Zorrilla cómo esa posibilidad se hace realidad plena.

José Zorrilla: *Don Juan Tenorio* (1844)–Romanticismo, amor y salvación

Si hay una obra que consolidó la fama de Don Juan en el mundo hispánico, esa es sin duda *Don Juan Tenorio*, escrita en 1844 por el poeta y dramaturgo español José Zorrilla. *Don Juan*

Tenorio no solo fue un éxito rotundo en su época, sino que desde entonces se convirtió en una tradición escénica anual en España (representada típicamente en la noche de Difuntos, cada 1° de noviembre) y en la versión de Don Juan más popular en el imaginario hispanoamericano.

Zorrilla toma la esencia del personaje creado por Tirso y lo rehace a la medida del gusto romántico decimonónico: su Don Juan sigue siendo un seductor, un bravucón y un pecador, pero a diferencia de sus predecesores, encuentra la redención a través del amor puro de una mujer y de un tardío arrepentimiento. Este giro espiritual hizo de la obra una especie de *cuento moral* querido por el público, a la vez que Zorrilla adorna la historia con versos líricos, duelos, aventuras y apariciones fantasmales que fascinaron a generaciones de lectores y espectadores.

El Don Juan de Zorrilla es presentado inicialmente como un joven noble en la Sevilla del siglo XVI que lleva una vida de desafío constante. En la primera parte de la obra (la *jornada primera*), Don Juan compite con su rival Don Luis Mejía para ver quién ha cometido más conquistas y excesos en un año —una apuesta libertina que gana enumerando sus hazañas. Tan temerario es, que apuesta seducir en 6 días a una novicia pura (Doña Inés) y a la prometida de Don Luis. Esto da pie a sus nuevas fechorías: con artimañas logra raptar de un convento a Doña Inés de Ulloa, una joven inocente destinada a los hábitos, y en el proceso mata al padre de ella (Don Gonzalo, otro Comendador) y a Don Luis en duelos. Hasta aquí, Don Juan se muestra como el arquetipo de malvado seductor, más criminal aún que en Tirso, pues Zorrilla no escatima en volverlo asesino de dos personas. Sin embargo —y aquí la diferencia crucial—, en el trato con Doña Inés empieza a vislumbrarse un cambio en Don Juan: su bravata inicial era solo "ganar la apuesta", pero termina realmente enamorado de Inés, conmovido por su pureza y por el amor sincero que ella le entrega.

Doña Inés en Zorrilla no es simplemente una víctima: es una figura angelical que ve más allá de la fachada pecadora de Don Juan. Cuando él la rapta (sin intención de hacerle daño, curiosamente, la lleva a su casa más para esconderla que para seducirla de inmediato), el contacto con su candor va ablandando el corazón del ateo empedernido. Inés lee unas cartas de amor que Don Juan había escrito como trampa para seducirla, pero que al leerlas en su voz casta, hacen que él experimente por primera vez el amor verdadero. Nace así en Don Juan un conflicto interno. Sin embargo, el padre de Inés (Don Gonzalo) irrumpe buscando vengar la honra y Don Juan lo mata en un arrebato. Inés entonces muere de dolor (o se desmaya y termina en un convento —depende de la interpretación—, pero básicamente "muere" simbólicamente) y Don Juan huye al exilio.

La segunda parte transcurre cinco años después: Don Juan vuelve a Sevilla en secreto, para encontrar que su casa está en ruinas y en su jardín hay un panteón con las estatuas de sus víctimas, incluido el sepulcro de Doña Inés. Ella murió de pena poco después de aquellos sucesos. Don Juan, sorprendido y conmovido, siente por fin remordimiento y tristeza genuina al comprender cuánto daño causó, especialmente a la mujer que lo amaba. En este clímax romántico-gótico, las estatuas funerarias cobran vida: aparecen los fantasmas de Don Gonzalo y de Doña Inés. Primero, la estatua de Don Gonzalo (el Comendador) acepta la invitación de Don Juan a cenar —escena clásica— y le advierte que su tiempo se acaba. Luego surge el espíritu de Inés, pero no para vengarse sino para salvar a Don Juan. Resulta que Inés, desde el cielo, ha obtenido de Dios la gracia de intentar redimir el alma de Don Juan. Ella le pide que se arrepienta sinceramente y rece. Don Juan, abrumado y conmovido por este amor más allá de la muerte, finalmente *sí* se arrepiente *in extremis*. Cuando los demonios llegan a llevarse a Don Juan al infierno (arrastrados por la estatua del Comendador), la figura radiante de Doña Inés intercede. Don Juan exhala su último suspiro pidiendo perdón y amando a Inés, y gracias a este acto su alma es salvada y sube al cielo junto al espíritu de ella. La obra termina triunfalmente con la salvación del pecador: "¡Dios concede a Don Juan Tenorio la gracia de la salvación por el amor de Doña Inés!" Un final que Zorrilla añadió para satisfacer la sensibilidad devota de su público, pero que a la vez encaja perfectamente en la doctrina romántica del amor redentor.

Zorrilla escribió *Don Juan Tenorio* en verso, con una musicalidad y un colorido propios del Romanticismo español. Muchos de sus versos se han hecho proverbiales. El más famoso ocurre en la escena del jardín, cuando Don Juan le declara su amor a Inés contemplando la luna: "¿No es verdad, ángel de amor, que en esta apartada orilla más pura la luna brilla y se respira mejor?" — a lo que Inés, turbada por sus sentimientos, responde con la célebre rendición: "¡Ah, sí!". Este intercambio poético, repetido cada año en innumerables escenarios, es quizá la declaración de amor más conocida del teatro español. En él está toda la *dulzura idealizada* del amor romántico: la naturaleza cómplice, la inocencia de ella, la galantería apasionada de él. Es un contraste deliberado con la fama previa de Don Juan: aquí ya no es el cínico burlador, sino un hombre que verdaderamente ama por primera vez.

Zorrilla mismo explicó que su Don Juan era "la redención del burlador por el amor". Esta reinterpretación caló hondo en la sociedad de la época, más inclinada a perdonar al pecador arrepentido que a celebrar al pecador condenado. Críticos más escépticos, sin embargo, han visto en la obra una cierta *rebeldía encubierta*: a fin de cuentas, Don Juan vive una vida disoluta, se arrepiente solo en el último instante y aun así consigue el cielo —no deja de ser una fantasía muy conveniente para el libertino romántico. Marañón señalaba irónicamente que "el donjuanismo es la única enfermedad cuyo remedio es una monja", refiriéndose precisamente a que Zorrilla le puso a Don Juan una "monja" (novicia) como salvadora. Sea como fuere, como drama funciona y emocionó al público.

En *Don Juan Tenorio*, Zorrilla consolidó elementos que hoy asociamos inmediatamente con la leyenda: por ejemplo, el famoso *motivo de las dos estatuas convidadas*. En su acto final, Don Juan en su casa ve las estatuas de Don Gonzalo e Inés; invita a la primera a cenar (escena calcada de Tirso/Molière) y luego sueña que la estatua de Inés lo invita a él a un banquete fúnebre donde ve su propio epitafio. Este recurso onírico del *sueño premonitorio* es creación de Zorrilla y añade dramatismo.

La obra de Zorrilla tuvo un éxito continental. Mientras el *Don Giovanni* de Mozart dominaba la visión operística, *Don Juan Tenorio* dominó la teatral en lengua española por más de un siglo. Su mezcla de aventura, romance y espiritualidad la hizo muy popular. Incluso en otros países se adaptó o inspiró versiones con final feliz (como dramas franceses que copiaron la idea de la salvación final).

Así, el Don Juan de Zorrilla es el arquetipo del *seductor romántico que halla la redención en el amor*. Es casi lo opuesto complementario al Don Juan de Tirso: aquel era condenado sin remedio; éste es perdonado milagrosamente. Ambos esquemas coexisten en la tradición desde entonces. Cada nueva versión del mito suele elegir consciente o inconscientemente entre el "final Tirso/Molière/Mozart" (infierno) o el "final Zorrilla" (cielo). Por ejemplo, en la modernidad hay autores que retoman a Don Juan de forma cínica (sin redención), y otros que parodian la salvación, etc., pero todos dialogan con estos finales emblemáticos.

En definitiva, *Don Juan Tenorio* es la obra que consolidó a Don Juan como un ícono cultural de España, donde cada año se revive su historia como rito. Escuchar sus versos —"¡Cuán gritan esos malditos!", "¡Ah, doña Inés del alma mía!", o la plegaria final de Don Juan— forma parte de la educación sentimental de generaciones. Y esa inmensa popularidad se debe a que Zorrilla supo darle al viejo pecador una esperanza luminosa que conmoviera al público. Don Juan, el gran seductor, se convierte por amor en "el amante único y fiel" en el último acto de su vida, reivindicando así el poder transformador del amor que tanto exaltó el Romanticismo. Por eso, su Don Juan sigue vivo en el imaginario colectivo: es el seductor que pudo amar de verdad y, gracias a ello, salvó su alma.

VLADIMIR NABOKOV: *LOLITA* (1955)–EL SEDUCTOR PERVERSO EN LA MODERNIDAD

En el siglo XX, el mito de Don Juan encontró encarnaciones más controvertidas y oscuras, acorde a los tiempos de psicoanálisis y cuestionamiento moral. Una de las más célebres (y escandalosas) fue la novela *Lolita* (1955) del escritor rusoamericano Vladimir Nabokov. Si bien a primera vista *Lolita* no parece una historia de Don Juan convencional —trata sobre un hombre maduro que se obsesiona sexualmente con una niña de 12 años—, en el fondo ofrece una poderosa reflexión sobre la figura del *seductor* y los auto-engaños de la pasión. El protagonista y narrador, Humbert, es un erudito europeo que se define a sí mismo como un "enfermo de amor" presa de una atracción ilícita hacia la niña Dolores Haze (a quien apoda Lolita). A lo largo de la novela, Humbert manipula, miente y comete actos monstruosos para poseer a Lolita, todo mientras envuelve al lector en una prosa sumamente seductora, llena de ingenio y lirismo. En cierto sentido, Nabokov logra que el propio lector experimente la ambigüedad de ser seducido por la voz de un *narrador donjuanesco* a pesar de lo aberrante de sus actos.

La apertura de *Lolita* es famosa por su cualidad hipnótica, casi un hechizo lingüístico con el que Humbert convoca la imagen de su nínfula: "Lolita, luz de mi vida, fuego de mis entrañas. Pecado mío, alma mía. Lo-li-ta... ". Estas primeras líneas ya sitúan al lector bajo el influjo poético del narrador, quien presenta su obsesión pederasta con el ropaje del más exaltado romanticismo. Aquí Nabokov está haciendo un guiño consciente a la tradición de los grandes seductores literarios que hablan de sus amantes como *luces de su vida* y *fuegos de sus entrañas* —podría decirlo Don Juan Tenorio o cualquier poeta enamorado—, pero el choque viene de inmediato al aclarar que *Lolita* es una niña. Con esa genial maniobra, Nabokov nos plantea desde el inicio el conflicto entre la belleza del lenguaje de la seducción y la realidad moralmente aberrante que oculta.

A lo largo de la novela, Humbert se comporta como un Don Juan maligno y a la vez patético. Manipula a la madre de Lolita para casarse con ella y acercarse a la niña, llega incluso al crimen —cuando ve peligrar su control sobre Lolita, asesina a un rival—, y huye a través de Estados Unidos llevando a la niña consigo, reteniéndola bajo un perverso cautiverio que él disfraza ante sí mismo como historia de amor.

Como el Don Juan clásico, Humbert es egocéntrico, elocuente, amoral, y no se detiene ante nada por su deseo. Pero a diferencia del Don Juan tradicional que encadena conquistas, Humbert está *fijado obsesivamente en una sola*: Lolita es su "eterna Beloved", su único objetivo. Esto lo aproxima más al arquetipo de *Tristán enamorado fatalmente* que al burlador promiscuo. Sin embargo, Humbert comparte con Don Juan la falta de empatía real hacia su víctima (al menos durante gran parte del relato) y la racionalización de sus actos. Es un maestro del auto-engaño: se convence de que Lolita también lo tienta, de que hay una "mutua pasión". Así, Nabokov profundiza en la *psicología del seductor* de un modo que las versiones clásicas no hacían: nos mete dentro de la mente de Humbert y su laberinto de justificaciones.

Humbert se refiere a sí mismo en cierto momento como un "monstruo elegante". Y en efecto, su narración es de una elegancia y humor tales que el lector se descubre, incómodamente, simpatizando a ratos con él o al menos entendiendo su patetismo. Nabokov juega deliberadamente con esa complicidad inmoral, obligándonos a reflexionar sobre el poder de la seducción, incluso intelectual. Hacia el final, Humbert por fin reconoce el daño irreparable que hizo: "Pueden contar con que la prosa de los asesinos sea siempre elegante, vaya que lo sé", dice con ironía, admitiendo que su hermoso relato no quita que él haya sido básicamente un asesino de la infancia de Lolita. Esta frase meta-literaria es clave: Humbert (y Nabokov) nos advierten que más allá del encanto verbal, hay una verdad siniestra. Es casi un demoler el mito romántico desde adentro.

En *Lolita*, por tanto, Nabokov deconstruye el mito de Don Juan presentándolo en su forma más moralmente reprobable y llevándolo a su consecuencia lógica de destrucción. Sin castillos encantados ni estatuas que lo hundan en el infierno: el infierno de Humbert es psicológico, su soledad final y la pérdida absoluta de Lolita cuando ella escapa de su control y crece fuera de su alcance. No necesita demonios sobrenaturales: su castigo es vivir con la consciencia de su monstruosidad. En el último capítulo, Humbert confiesa que entiende que arruinó la vida de Lolita y siente un sincero remordimiento. En un retorcido paralelismo con Don Juan Tenorio de Zorrilla, Humbert busca una forma de expiación: va tras el hombre que corrompió aún más a Lolita (un tal Quilty) y lo mata, como vengador tardío de la inocencia de ella. Es un gesto loco, pero Humbert lo vive como ajuste de cuentas consigo mismo. Claro que a diferencia de Zorrilla, esto no le otorga ninguna salvación celeste: Humbert muere en prisión de causas naturales, dejando solo el manuscrito de su historia como legado.

Nabokov, escritor de gran cultura y lecturas, puso conscientemente referencias a la tradición literaria. El nombre "Dolores" Haze, Lolita, alude a dolor, al pesar. También la historia recuerda la de Dante y Beatriz en versión perversa: Humbert ve a Lolita como su beatífica guía hacia una dicha pervertida. Incluso menciona a *Annabel Leigh*, un amor de infancia perdido que lo marcó (eco del poema *Annabel Lee* de Edgar Allan Poe sobre un amor muerto precozmente). Esto sugiere que Humbert se ve a sí mismo como un *romántico trágico*, cuando en realidad es un depredador. En este juego intertextual, *Lolita* funciona casi como una crítica a la figura tradicional del seductor, desenmascarándolo. Humbert es brillante, sí, pero su brillantez sirve para engañar y engañarse, arrastrando a una inocente en el camino.

La recepción de *Lolita* fue escandalosa en su tiempo —prohibiciones, polémica—, pero hoy se la reconoce como una obra maestra de la narrativa contemporánea. En el contexto del mito de Don Juan, Humbert es un Don Juan moderno en el sentido más inquietante: no es un guapo caballero duelista, sino un hombre común con intelecto refinado y moral deformada; su "seducción" no tiene nada de heroica, es un abuso vil, y sin embargo es narrada con la misma retórica sublime de los grandes amantes literarios. Nabokov así nos obliga a mirar el contraste y pensar sobre la indulgencia con que a veces se trató al arquetipo del conquistador en el pasado. *Lolita* nos recuerda que el *donjuanismo llevado al extremo* puede ser criminal. Y literariamente, nos brinda el retrato de un seductor narrador-protagonista jamás visto: Don Juan contando su propia historia con su propia seductora voz. Esto cierra casi un círculo meta-literario: de ser relatado por otros en tercera persona, Don Juan toma la pluma y se convierte en autor de su mito... solo para dejar al descubierto su propia condena.

Nabokov contribuye al linaje de Don Juan con una versión actualizada al siglo XX: un seductor monstruoso cuya elocuencia nos seduce al leer, obligándonos a tomar conciencia crítica. Humbert es a la vez heredero de Don Juan (por su encanto retórico y su desprecio a la moral) y su parodia trágica (porque no hay glamour sino sordidez en su conquista). *Lolita* demuestra que el mito de la seducción sigue vivo en la literatura moderna, pero bajo lentes mucho más introspectivos y críticos. Don Juan puede reencarnarse en un profesor obsesivo, en un "monstruo elegante" —y así el mito examina nuevas facetas de la psicología del deseo y la corrupción.

MILAN KUNDERA: EL SEDUCTOR FILOSÓFICO Y LA INSOPORTABLE LEVEDAD

El escritor checo Milan Kundera, en sus novelas y ensayos de la segunda mitad del siglo XX, revisita con frecuencia el tema de la infidelidad, el erotismo y la identidad masculina, así como la figura del seductor. Si bien Kundera no escribió una versión directa de Don Juan, varios de sus personajes —especialmente en *La insoportable levedad del ser* (1984)— evocan aspectos donjuanescos, analizados desde una lente existencial y psicológica muy aguda. Kundera explora la dialéctica entre el deseo de libertad sexual y la necesidad de conexión emocional, planteando preguntas que son, en el fondo, las que el mito de Don Juan siempre ha suscitado: ¿puede alguien amar a muchas personas sin amar a ninguna? ¿es la acumulación de conquistas una afirmación de la vida o una negación del verdadero amor?

En *La insoportable levedad del ser*, el protagonista Tomáš es un cirujano mujeriego que mantiene innumerables aventuras casuales incluso después de enamorarse y casarse con Teresa, una mujer profundamente celosa y sensible. Tomáš se debate entre su "insoportable levedad" —esa liviandad de no querer ataduras, de moverse de cuerpo en cuerpo sin peso— y el "peso" del amor comprometido que Teresa representa. Kundera disecciona la psicología de Tomáš (y de Sabina, su amante libre) con brillantez. En un pasaje famoso, distingue entre dos pasiones distintas que en Don Juan suelen presentarse juntas: "Hacer el amor con una mujer y dormir con una mujer son dos pasiones no solo distintas sino casi contradictorias... El deseo de acostarse con alguien se produce en relación con una innumerable cantidad de mujeres; el deseo de dormir junto a alguien, en relación con una única mujer". Esta reflexión, puesta en la novela casi como un apunte de filosofía personal de Tomáš, resume de forma precisa el dilema donjuanesco: el instinto sexual tiende a la variedad, pero la intimidad profunda exige exclusividad.

Kundera, con su bagaje en filosofía y música, observa al *seductor moderno* sin condenas morales tradicionales, más bien con curiosidad antropológica y empatía irónica. Sus seductores (Tomáš, Sabina, el protagonista de *La broma* en otra obra, etc.) no son villanos, sino personas intentando llenar vacíos o afirmar su identidad en un mundo caótico. En *El libro de los amores ridículos* (1968), una colección de relatos tempranos, Kundera incluso parodia la figura del coleccionista de mujeres. En uno de los cuentos, unos amigos discuten sobre Don Juan y los *coleccionistas de amantes*, con burla y melancolía: se insinúa que el donjuán contemporáneo está un poco perdido, ridículo en su intento de repetición infinita, porque la sociedad ha cambiado y ya no lo toma tan en serio.

A Kundera le interesa además la coquetería como arte (lo aborda en *La inmortalidad* y en ensayos). Define la coquetería como "ofrecerse a muchos sin entregarse a ninguno completamente". Esto es casi la descripción de Don Juan, pero Kundera lo extiende a ambos sexos, y lo analiza como un juego social necesario y a la vez engañoso.

Volviendo a *La insoportable levedad del ser*, Tomáš concluye su arco vital renunciando a su vida de conquistas (forzado por el destino, la política —la invasión soviética— y su amor por Teresa). En una suerte de *anti-Don Juan*, acaba en el campo, habiendo abandonado su profesión y libertinaje, cuidando animales con Teresa. Podría decirse que "sienta cabeza" y halla paz en la fidelidad final. Pero Kundera no presenta esto como simple victoria moralista; más bien sugiere una resignación quizás feliz, quizás no, en la aceptación del "peso" del amor. Tomáš en su vejez siente por primera vez la *plenitud de dormir junto a alguien* sin escapatorias. Esta trayectoria, en cierto modo, es una versión secular y realista del final de Zorrilla: no hay milagro divino, pero sí el *milagro cotidiano del amor* que al fin domestica al seductor.

Kundera también toca la figura de Don Juan explícitamente en sus ensayos. En *El arte de la novela* (1986), medita sobre diversos personajes arquetípicos, y al referirse a Don Juan, lo saca del pedestal heroico: dice que en la modernidad, Don Juan "carga con la culpa, peca alegremente y se ríe de Dios, pero ya no acaba en el infierno; acaba en una reflexión nostálgica sobre la imposibilidad de amar a muchas a la vez sin perder algo esencial". Es decir, Kundera ve a Don Juan con ojos posmodernos, consciente de la "mala fama" que la libertad sexual ha ganado y de la tristeza subyacente en el juego eterno de la seducción.

Otra cita de Kundera, del ensayo *El telón*, resume su visión: "Don Juan llevó el erotismo a la escena del mundo; después de él, el sexo quedó para siempre ligado a la risa y la desesperación". Efectivamente, en las obras de Kundera, las escenas eróticas suelen tener un matiz tragicómico: sus personajes seducen, sí, pero a menudo las circunstancias les juegan bromas crueles o irónicas (por ejemplo, en *La broma,* una seducción planeada sale completamente al revés). Así, el autor checo combina humor y compasión hacia sus seductores. No los condena al infierno ni los glorifica; simplemente los muestra como seres humanos complejos y, frecuentemente, *solitarios pese a tanta compañía.* Milan Kundera aporta al mito de Don Juan una mirada reflexiva, adulta y desencantada a la vez que comprensiva. Sus personajes expresan lo que podríamos llamar la *crisis existencial del donjuanismo*: en un mundo donde la libertad sexual es más fácil, la figura del conquistador deja de ser heroica y se vuelve un tanto vacía. Tomáš se pregunta en el libro si su deseo de variedad era en realidad un deseo de "esencia femenina abstracta" que nunca encuentra. Este es un pensamiento muy cercano al planteo de Kierkegaard en *El Diario de un seductor* (otra obra que examina cínicamente a un donjuán). Kundera retoma esas cavilaciones filosóficas, pero integrándolas en narrativa emocional. Podríamos decir que Kundera "perdona" a sus Don Juanes sin necesidad de ángeles: los comprende como parte de la naturaleza humana. Como escribe en *La inmortalidad*: "La coquetería es la victoria de la superficialidad del ser sobre su profundidad", reconociendo que todos tenemos algo de seductores superficiales en sociedad. Con Kundera, Don Juan entra en la clínica del psicoanalista y en el café del existencialista, para ser disecado pero no destruido. Su mito sobrevive, pero transformado en preguntas más que en afirmaciones.

Michel Houellebecq: el desencanto del seductor contemporáneo

En las últimas décadas, pocos autores han retratado con tanta crudeza y polémica la vida sexual contemporánea como el francés Michel Houellebecq. Sus novelas —*Ampliación del campo de batalla* (1994), *Las partículas elementales* (1998),

Plataforma (2001), *Serotonina* (2019), entre otras— pintan un panorama desencantado donde el sexo se mercantiliza, el romanticismo parece muerto y los individuos oscilan entre la frustración y la compulsión. En este paisaje literario nihilista, el Don Juan tradicional aparece casi como una figura extinta o deformada. Houellebecq examina sin piedad tanto a los *ganadores* como a los *perdedores* del "mercado sexual" posmoderno, a menudo concluyendo que la liberación sexual de fines del XX dejó tanta infelicidad como placer. Si Don Juan fue el gran ganador sexual de su época, Houellebecq sugiere que en la nuestra hay pocos ganadores y multitud de perdedores.

En su primera novela, *Ampliación del campo de batalla* (*Extension du domaine de la lutte*), Houellebecq lanza la tesis de que la sexualidad moderna funciona como un mercado ultraliberal: unos pocos acaparan muchas gratificaciones, mientras muchos quedan excluidos sufriendo soledad. "Igual que el liberalismo económico produce fenómenos de empobrecimiento absoluto, el liberalismo sexual produce empobrecimiento absoluto. Algunos hacen el amor todos los días; otros cinco o seis veces en su vida, o nunca. Algunos hacen el amor con docenas de mujeres; otros con ninguna. Es la 'ley del mercado'", afirma el narrador de esa novela con escalofriante franqueza. Aquí, Houellebecq está dibujando a los nuevos "Don Juanes" como esos pocos que acumulan experiencias sexuales —los guapos, los carismáticos, los adaptados—, mientras que muchos hombres comunes quedan relegados (un tema que anticipa el actual fenómeno de los "incels" o involuntariamente célibes). La frase continúa: "En un sistema sexual perfectamente liberal, algunos tienen una vida erótica variada y excitante; otros se ven reducidos a la masturbación y la soledad". Esta visión fría y economicista del sexo muestra un mundo donde el seductor exitoso no es ya un rebelde contra la sociedad (como Don Juan clásico) sino casi un campeón bendecido por las leyes darwinistas del mercado sexual. Y donde, a la inversa, los "donjuanes fracasados" abundan y sufren.

Houellebecq suele presentar protagonistas masculinos mediocres, sin encanto heroico, que se enfrentan a esa realidad. En *Las partículas elementales*, uno de los hermanos personajes centrales es incapaz de atraer mujeres y se vuelve loco; el otro inicialmente disfruta de la revolución sexual de los 60-70 pero termina encontrándola vacía. En *Plataforma*, el protagonista se entrega al turismo sexual en Tailandia, básicamente pagando por sexo, tras constatar la imposibilidad de hallarlo espontáneamente con amor en Occidente. En *Serotonina*, un ingeniero agrícola de cuarenta y tantos se hunde en la depresión y la impotencia sexual, recordando con amargura a la única mujer que amó y a las muchas que pasaron sin dejarle nada.

Los hombres de Houellebecq no seducen, consumen o son consumidos. Cuando intentan seducir, suelen fracasar o lograr apenas encuentros vacíos. Por eso, en su universo narrativo, el *Don Juan genuino* casi no existe, o aparece como objeto de resentimiento. Hay un pasaje en *Ampliación del campo de batalla* donde el narrador acompaña a un colega feo y desesperado a un boliche. Allí, ven a los típicos galanes bailando y llevándose chicas, mientras el colega se siente humillado y fuera del juego; al final estalla en un discurso misógino y sufre un colapso. Es una visión sombría: el seductor contemporáneo a la Houellebecq es un "demonio" para los que no pueden ser como él. Ya no se celebra a Don Juan, se le envidia u odia, y a la vez se le reconoce como figura de poder en el mercado sexual.

Houellebecq también critica la vacuidad del sexo sin amor. En *Las partículas elementales*, escribe: "El amor en el hombre no es más que agradecimiento por el placer que se le ha dado" con su habitual provocación cínica. Sus personajes masculinos a veces se dan cuenta de que anhelan ternura y estabilidad cuando ya es tarde. En *Serotonina*, el narrador afirma: "Se me reprochará quizá que concedo excesiva importancia al sexo; no lo creo… ", defendiendo que en la grisura de la vida moderna, el sexo era de las pocas alegrías, pero incluso esas van siendo desplazadas con la edad.

Otra faceta es la mercantilización del Don Juan. En *Plataforma*, se reflexiona que si el sexo es una mercancía, los atractivos se vuelven capital. Una sociedad hipersexualizada, argumenta Houellebecq, produce tantos insatisfechos que al final solo queda la comercialización sin tapujos. Así se podrían interpretar fenómenos reales como la prostitución global o las *apps* de citas superficiales: Don Juan reducido a una foto deslizable en Tinder. Houellebecq mira todo eso sin ilusión alguna.

Michel Houellebecq ofrece una imagen del *seductor y la sexualidad* en nuestro tiempo que es extremadamente pesimista. Para él, quizás, Don Juan ha perdido su aura romántica y se ha convertido en un simple "consumidor/consumido" en serie, en un entorno de soledad. Algunos críticos ven en sus obras una suerte de *clamor reaccionario* pidiendo volver a modelos más tradicionales del amor; otros las leen como simples descripciones nihilistas sin propuesta. Lo cierto es que literariamente, se siente la resonancia del viejo mito: Houellebecq menciona a Sade, a veces a Casanova, mostrando la genealogía de ese desencanto. En *Las partículas elementales*, uno de los personajes científicos llega a proponer una solución de ciencia-ficción: crear una nueva especie humana asexual, eliminando así la tiranía del deseo sexual y la angustia que conlleva. Es como si dijera: mejor aniquilar el impulso donjuanesco que seguir sufriéndolo.

Houellebecq nos pone frente a un espejo incómodo: ¿qué queda del Don Juan en la época del porno en internet, la liberación total pero también la soledad total? Sus novelas sugieren que queda más frustración que otra cosa. Así, completando un ciclo, podríamos pensar que su visión conecta con aquella con la que iniciamos: "al parecer, el mito de Don Juan está en vías de extinción", decían. Houellebecq asiente, aunque matiza: no es que no haya más seductores, es que su reinado ya no produce admiración sino neurosis.

En suma, en la literatura de Houellebecq, Don Juan es un fantasma desencantado: o un *depredador trivial* en una discoteca, o un *nostálgico impotente* en su apartamento. Es la deconstrucción final del mito: ni condena divina, ni redención amorosa, simplemente un juego social sin trascendencia donde todos pierden. Tal vez esta sea la más amarga reflexión sobre la seducción en nuestra era, y por eso tan valiosa de considerar en este recorrido: muestra cómo un arquetipo nacido hace casi cuatro siglos puede reflejar, como un barómetro, la salud o enfermedad erótica de cada periodo histórico. Y según Houellebecq, la nuestra anda enferma de soledad.

DON JUAN EN EL CINE, EL ARTE Y LA CULTURA POPULAR CONTEMPORÁNEA

El mito de Don Juan, forjado en la literatura y el teatro, encontró en el cine y otras artes visuales del siglo XX nuevos vehículos para llegar al gran público. Ya mencionamos el caso de Valentino, cuya imagen de *latin lover* cinematográfico fue una especie de encarnación moderna del arquetipo. Pero también ha habido numerosas adaptaciones fílmicas directas de la historia de Don Juan Tenorio o variantes. En 1926, Warner Brothers estrenó *Don Juan*, protagonizada por John Barrymore, que causó sensación no tanto por la fidelidad al texto (era una trama original) sino porque Barrymore llegó a besar a sus *partenaires* femeninas decenas de veces en pantalla, estableciendo un récord de besos en el cine mudo. Era una época menos cínica y Don Juan se presentaba como el aventurero romántico en una versión amable.

Hollywood volvería sobre la figura en *Adventures of Don Juan* (1948) con Errol Flynn encarnando al espadachín galante —una película de capa y espada en Technicolor donde Don Juan finalmente se reforma para merecer el amor de una dama, un guiño al final de Zorrilla. Más adelante, en pleno 1995, llegaría *Don Juan DeMarco*, una curiosa interpretación: un joven (Johnny Depp) cree ser Don Juan, vistiendo capa y antifaz en la Nueva York contemporánea, y seduce con sus fantasías románticas a su psiquiatra (Marlon Brando) y a varias mujeres. La película homenajea la vigencia del mito mostrando cómo la imaginación tentadora de Don Juan puede traer de vuelta la pasión incluso a una pareja madura. "En la película Don Juan DeMarco —inspirada en Byron— se lo presenta como un paciente psiquiátrico convencido de ser el mejor amante del mundo", ilustrando que en tiempos modernos, creer ser Don Juan quizás se vea como locura quijotesca, pero a la vez su ideal romántico posee una fuerza terapéutica en la ficción.

En Europa, el cine de autor también revisó al mito de Don Juan. Por ejemplo, el cineasta checo Jiří Trnka hizo en 1969 un interesante mediometraje de marionetas de *El burlador de Sevilla*, subrayando el aspecto macabro (las marionetas acentúan lo grotesco). Jacques Weber dirigió y protagonizó *Don Juan* (1998) en Francia, adaptando a Molière con cierto erotismo explícito y ambientación barroca estilizada. Y no olvidemos que *Don Giovanni* de Mozart ha sido llevado al cine en notables versiones, como la de Joseph Losey (1979), filmada en locaciones venecianas de gran belleza.

Más allá del cine narrativo, la figura de Don Juan ha aparecido en la música popular y la iconografía de maneras diversas. El mismo nombre *Don Juan* o *Casanova* se usa en canciones para referirse al *playboy* mentiroso que rompe corazones. Por ejemplo, en la salsa y el bolero latinoamericano, abundan letras advirtiendo contra el "donjuán" de barrio o lamentando su traición. En el rock y pop anglosajón también: Bryan Ferry tiene *Slave to Love* con video clip donjuanesco; los Beatles referenciaron al Casanova histórico en *I am the Walrus*.

En las artes plásticas, Don Juan inspiró a pintores del Romanticismo, como el francés Delacroix, quien ilustró escenas de *Don Juan* de Byron. También el alemán Max Slevogt, impresionista, pintó en 1912 un cuadro notable: *Don Juan y la estatua del Comendador*, con el barítono Francisco d'Andrade posando como Don Giovanni —una imagen icónica del personaje en la ópera. En Sevilla, ciudad natal ficticia del mito, existe desde 1922 una estatua dedicada a Don Juan Tenorio en un recoveco del barrio de Santa Cruz, testimonio de cuánto caló como símbolo local. La televisión y el teatro contemporáneo no se quedaron atrás. Existen adaptaciones modernas situando a Don Juan en contextos actuales para explorar su significado y actualizar su mito. Un montaje reciente en España presentó a un Don Juan en plena era #MeToo para discutir el consentimiento —generando debate sobre si la obra debía seguir presentándose sin repensar su enfoque hacia las mujeres. Porque, efectivamente, el personaje de Don Juan visto con ojos actuales plantea cuestiones de género: ¿es un "héroe" o simplemente un depredador? Las sensibilidades cambian, y directores como Albertí han releído *El burlador* enfatizando la crítica a la agresión sobre la libertad femenina, señalando que la obra "habla del deseo y de cómo ha sido reprimido durante siglos". Hoy día, montar un Don Juan requiere equilibrio entre la tradición y la reflexión contemporánea.

Cabe mencionar que la historia de Don Juan también fue adaptada al musical: en 2003 se estrenó en París "Don Juan", un musical de Félix Gray, luego llevado a Montreal, con gran éxito de público. Y en 2015 se presentó "Don Juan" el musical en Madrid, combinando pop y flamenco. Esto muestra que el público general sigue encontrando atractivo al personaje, quizás por su combinación de romance, drama y espectacularidad. En la cultura popular actual podemos identificar arquetipos donjuanescos en personajes de series y películas. Un ejemplo claro: James Bond, el espía creado en 1953 por Ian Fleming, es en muchos aspectos un Don Juan moderno: atractivo, sofisticado, siempre seduciendo mujeres en cada historia (y a menudo dejándolas atrás), sin que el relato profundice en sus sentimientos. Bond es un héroe de acción, pero su faceta de conquistador internacional retoma el glamour que tuvo Don Juan en su día. Otro ejemplo: Tony Stark (Iron Man) en los cómics y películas Marvel se presenta inicialmente como un playboy millonario rodeado de conquistas, hasta que encuentra un amor estable (Pepper Potts) —una trayectoria casi de Tenorio redimido. Incluso en la famosa serie *Mad Men*, el protagonista Don Draper es conscientemente un *donjuán* de la era publicitaria, 1960, con vida secreta y múltiples amantes, aunque la serie lo muestra pagando un precio emocional por ello. Estas resonancias prueban que el tipo del seductor sigue siendo un recurso narrativo potente, bien sea para *glamurizar*, criticar o desarrollar a un personaje masculino.

En las nuevas generaciones, la figura del "fuckboy" o del "player" (términos del argot juvenil anglosajón y su equivalente) no es sino el Don Juan adaptado al siglo XXI: el chico que "juega" con muchas chicas sin comprometerse. La sociedad actual, eso sí, tiende a mirarlo con menos indulgencia que antaño, en parte gracias a avances en igualdad de género. Hoy existen también las "Don Juanas" —mujeres que adoptan ese rol de libertinas—, algo impensable en 1630. Esto lo exploró, por ejemplo, la escritora Almudena Grandes en su novela *Castillos de Cartón*, donde invierte dinámicas de seducción.

En las artes visuales, podríamos pensar que la imagen de Don Juan se ha diluido en la omnipresencia de la erotización mediática. Sin embargo, su esencia aparece en publicidad (el hombre seductor que vende fragancias o autos), en videoclips musicales, etc. La iconografía del hombre conquistador —guapo, seguro, rodeado de mujeres— es un tropo publicitario explotado, que no es sino Don Juan en traje moderno. Así, en el cine, el arte y la cultura popular contemporánea, Don Juan sigue vivo, pero muchas veces fragmentado en tropos o reinterpretado con ironía. En un mundo que ha perdido muchas certezas morales y ve las relaciones con complejidad, el seductor serial es a ratos admirado superficialmente y a ratos cuestionado éticamente. Pero como arquetipo narrativo, continúa brindando tramas, personajes e imágenes reconocibles.

Baste señalar que se contabilizan millares de obras inspiradas en Don Juan —se estima más de 2000 versiones entre teatro, literatura, música, cine, etc., desde el siglo XVII hasta hoy. Pocos mitos literarios tienen esa fertilidad. Desde la pintura al óleo hasta la serie de Netflix, el eco del burlador se escucha. Quizá porque, en el fondo, la historia de un ser humano desafiando las normas por deseo —y enfrentando consecuencias por ello— es universal y atemporal. En cada época tomará la máscara que esa cultura le proponga: noble libertino, poeta maldito, amante vampírico, playboy de revista o *dating app*. Don Juan, camaleónico, se cuela en cualquier formato para recordarnos tanto la atracción del eros libre como los límites que la sociedad (o la propia conciencia) le imponen.

Epílogo: Vigencia y metamorfosis de un mito

El recorrido que hemos realizado en este libro por los "Don Juanes" de la historia y la ficción nos revela la sorprendente pervivencia de este mito a lo largo de cuatro siglos. Desde aquel burlador sevillano de Tirso hasta las desencantadas figuras contemporáneas, Don Juan ha servido como espejo de la relación entre el individuo, el deseo y la moral de cada época. En cada versión, el seductor refleja las aspiraciones y temores del momento: fue el libertino blasfemo en el Barroco religioso, el héroe satánico de los románticos, el *bon vivant* ambivalente del siglo de Mozart, el pecador arrepentido y perdonado de la era romántica católica, el narrador autoconsciente y crítico de la modernidad, y finalmente el sujeto solitario del mundo hipermoderno. Don Juan cambia con los tiempos, y ahí radica su fuerza: es un mito plástico, adaptable.

¿Por qué sigue fascinando su figura? Quizá porque encarna un conflicto humano elemental: la tensión entre el impulso de la libertad erótica individual y las normas o sentimientos que nos atan a otros. Don Juan es el rebelde que dice "sí" a todos sus deseos —algo que muchos sueñan en secreto—, pero que debe enfrentar el vacío o la condena que ese mismo "sí" total acarrea. Representa la eterna pregunta: ¿está la felicidad en seguir nuestros instintos sin freno, o reside en la fidelidad y el amor exclusivo? Cada sociedad responde distinto, y por eso reescribe a Don Juan a su manera.

En pleno siglo XXI, algunos se preguntan si Don Juan ha muerto, sepultado por la revolución feminista y la reivindicación del respeto en las relaciones. De hecho, desde miradas actuales, el comportamiento tradicional de Don Juan (engañar, usar y abandonar mujeres) es visto, con razón, como *tóxico*. Su arrogancia ante el consentimiento resulta muy problemática bajo la luz de valores contemporáneos. Sin embargo, el arquetipo no ha desaparecido: simplemente se transforma. Sigue habiendo "donjuanes" en la vida real —seductores seriales en discotecas o redes sociales—, aunque ahora arriesgan más el repudio social que el halago. Y sigue habiendo "donjuanas", indicando que la pulsión seductora no es exclusiva de un género.

En la ficción reciente, más que glorificar a Don Juan, se tiende a deconstruirlo. Películas y series exploran al mujeriego no para admirarlo, sino para mostrar sus inseguridades o para darle su merecido. Pensemos en personajes tipo Barney Stinson de *How I Met Your Mother*, que comienza como donjuán cómico y termina encontrando el vacío en su estilo de vida; o en filmes como *Crazy, Stupid, Love*, donde un playboy (Ryan Gosling) aprende sobre el amor verdadero. Estas narrativas actuales a menudo hacen lo que Zorrilla ideó en 1844: "domesticar" al seductor, integrarlo a un modelo romántico monógamo en su desenlace.

Sin embargo, a la par subsiste la idealización romántica del seductor en muchos productos culturales. El éxito de novelas como *50 sombras de Grey* (donde el protagonista Christian Grey es un joven rico y sexualmente dominante que coleccionaba sumisas hasta enamorarse de la heroína) demuestra que cierto público —en especial femenino en este caso— aún se siente atraído por la fantasía de "domar" al Don Juan y ser la elegida que lo cambia y redime. Es el tropo de la Bella y la Bestia, que no deja de ser una reformulación del mito tenoriesco.

Desde otra perspectiva, Don Juan sigue siendo objeto de estudios serios en psicología y sociología. Se habla de "síndrome de Don Juan" para hombres (y mujeres) incapaces de comprometerse afectivamente, buscando siempre la novedad por miedo a la intimidad profunda. Se investiga si hay raíces en la infancia (relación con la madre, como insinuaba cierta lectura psicoanalítica en Marañón), o si es rasgo de personalidad narcisista. En la era de aplicaciones de citas infinitas, algunos analistas dicen que la sociedad entera se ha "donjuanizado" un poco, normalizando la rotación constante de parejas, con sus pros y contras emocionales.

A nivel filosófico, Don Juan sigue suscitando reflexiones sobre la ética del deseo. ¿Es héroe o villano? Kierkegaard lo veía como la encarnación estética pura, alguien que vive en lo inmediato sin ética ni fe, por lo cual es "interesante" pero vacío. Camus, en cambio, admiró en Don Juan su honestidad consigo mismo al admitir que buscará miles de mujeres porque nunca encontrará la absoluta —para Camus, Don Juan era un rebelde absurdo, consciente de la futilidad pero actuando igualmente según su código. Estas interpretaciones muestran que Don Juan trasciende lo meramente sexual: personifica la condición humana ante la búsqueda incesante de algo absoluto (sea placer, amor o sentido), búsqueda que siempre queda insatisfecha, ya sea por la muerte (que se lo lleva) o por la condena social.

En el epílogo de esta exploración, vale la pena rescatar la idea de que los mitos como Don Juan perduran no porque aprobemos sus actos, sino porque *simbolizan cuestiones universales*. El seductor impenitente nos enfrenta a la pregunta: ¿Qué hacemos con el deseo? ¿Lo demonizamos, lo santificamos, lo equilibramos? Don Juan ha sido demonio, santo arrepentido y hombre común, según la respuesta de turno, la moda o la época. Tal vez hoy aspiramos a una síntesis: ni Don Juan libertino ni Tenorio mojigato, sino individuos capaces de vivir su sexualidad con libertad y con respeto. En cierto modo, la mejor superación del mito sería integrar sus polos. Después de todo, como dijo un escritor argentino, *la solución del donjuanismo es convertirse en un hombre enamorado de su propia mujer* —es decir, hallarle el gusto a seducir cada día a la misma persona, sin por ello caer en monotonía. Una especie de *Don Juan monógamo*, paradójicamente.

Sea esto posible o no, lo cierto es que Don Juan nos sigue acompañando. Quizá, en el fondo basta ver a Don Draper en Mad Men para intuir que algo del mito... sigue vigente en la sensibilidad contemporánea. Es decir, por más que proclamemos su extinción, vemos emerger nuevas versiones en nuestros relatos. Y mientras haya imaginación erótica, rebeldía juvenil y debates morales, Don Juan seguirá merodeando —a veces enmascarado, a veces explícito— por las páginas, los escenarios y las pantallas.

En España, cada Día de Difuntos, cuando se apagan las luces del teatro y se escucha la voz del galán declamar "¿No es verdad, ángel de amor...?", uno comprueba que el hechizo sigue funcionando. El público, cómplice, contesta en su fuero interno: *Sí, es verdad.* Verdad que la luna brilla más pura en la apartada orilla de nuestros sueños, donde Don Juan aún seduce y Doña Inés aún salva y redime al personaje. Porque el mito de Don Juan, lejos de morir, se reinventa una vez más en nuestro tiempo, invitándonos a reflexionar sobre el eterno juego de la seducción, sus luces y sus sombras. Y quizás esa sea su mayor seducción: obligarnos a mirarnos en él, a cuestionar nuestros propios anhelos y límites, a vernos reflejados. Como la estatua del convidado de piedra, Don Juan nos tiende la mano desde la historia: aceptar su invitación es adentrarse en el laberinto del deseo humano, de donde emergemos un poco más conscientes de nosotros mismos.

APÉNDICES

Glosario de términos y personajes

- Donjuanismo: Término derivado de Don Juan, que alude a la conducta o síndrome del seductor compulsivo. Implica tendencia a múltiples conquistas amorosas sin vínculo afectivo profundo, a menudo como patrón psicológico. Gregorio Marañón lo definió como "erotismo deformado hasta el delirio", y hoy se asocia con adicción sexual o trastorno narcisista en algunos casos.
- Libertino: En el siglo XVII-XVIII, se llamaba *libertino* al libre pensador que se liberaba de la moral religiosa, especialmente en materia sexual. Casanova, Sade, Byron eran libertinos. No equivale exactamente a "libertino sexual" moderno, aunque incluye ese sentido; conlleva también desafío intelectual al dogma.
- Arquetipo: Modelo simbólico universal presente en el inconsciente colectivo (según Jung) o en la tradición cultural. Don Juan es un arquetipo de seductor. Otros arquetipos afines: Casanova (sinónimo de mujeriego pero con connotación más positiva de "gran amante"), Lothario (nombre literario que quedó para referir a un seductor traidor), etc.
- Convidado de piedra: Expresión que proviene de la estatua del Comendador que acude como invitado en la leyenda de Don Juan. "Ser el convidado de piedra" se usa como modismo para alguien presente pero silencioso o incómodo en una reunión, aunque su origen literal es este personaje sobrenatural que cataliza el final de Don Juan.

- Nínfula: Término popularizado por Nabokov en *Lolita*, derivado de *nínfa*, para referirse a una adolescente (9-14 años) sexualizada, que ejerce fascinación sobre el adulto. Humbert Humbert cataloga a Lolita como "nínfula". El concepto es polémico y refleja la mirada distorsionada del narrador.
- Byroniano: Adjetivo que describe al héroe a lo Lord Byron: romántico, rebelde, sombrío, con pecados secretos y atractivo fatal. Se habla de "héroe byroniano" en literatura (ej. Heathcliff en *Cumbres Borrascosas* tiene algo byroniano). Don Juan en ciertas versiones se volvió byroniano (sobre todo tras la interpretación literal de Byron en su poema *Don Juan*, que era satírico pero fue malentendida a veces).
- Síndrome de Casanova: Se ha llamado así a un supuesto trastorno psiquiátrico relacionado con la seducción patológica. Aunque no es un diagnóstico formal, alude a hombres que solo se sienten reafirmados conquistando mujeres constantemente (similar al donjuanismo). Irónicamente, el Casanova histórico era emocionalmente más cercano a sus amantes que el estereotipo sugiere.
- Redención por amor: Motivo literario-religioso donde el amor (generalmente de una mujer virtuosa) salva el alma del pecador. En Don Juan Tenorio de Zorrilla es ejemplar: "¡Cuán misericordia eterna, que a mí bajara por ti!", exclama Don Juan al ver que Inés viene del cielo a salvarlo. Es tropo común en Romanticismo (también ocurre en *Fausto* de Goethe, salvado por el amor de Margarete).
- Mad Men: Serie de TV (2007-2015) ambientada en los 60 del siglo XX, cuyo protagonista Don Draper es un publicista mujeriego. Se le cita a menudo como ejemplo

de la persistencia del modelo Don Juan en la cultura popular reciente. La serie explora la vacuidad tras su fachada de éxito y conquista, reflejando sensibilidades modernas al respecto.

- Incel: Contracción de *involuntarily celibate* (célibe involuntario). Subcultura de hombres (generalmente) que se sienten excluidos del sexo y el afecto, a veces derivando en resentimiento extremo hacia la sociedad o las mujeres. Se los menciona aquí porque representan la contracara del "Don Juan exitoso" en la época de Houellebecq. Algunos incels demonizan a los *Chad* (varones atractivos que acaparan mujeres) —concepto muy ligado a la idea del "mercado sexual" competitivo.

- "Ley del mercado" (sexual): Concepto sociológico-popular (difundido por obras como las de Houellebecq) que equipara las dinámicas de emparejamiento con oferta y demanda de mercado. Sugiere que la revolución sexual liberalizó las relaciones igual que el libre mercado la economía: generando ganadores (muy activos sexualmente) y perdedores (solitarios). Teoría discutible pero influyente en análisis actuales de la cultura de citas.

- Barroco, Romanticismo, etc.: Corrientes artísticas y períodos históricos referidos a lo largo del texto:

  Barroco: Siglo XVII, estilo recargado, religioso, dramatismo (contexto de Tirso, Molina–Molière es barroco tardío en Francia, aunque su estilo es más neoclásico).

  Ilustración: Siglo XVIII, exaltación de la razón (Sade y Mozart operan en esta era, Don Juan se ve como "vicioso castigado" en moralejas ilustradas).

Romanticismo: Siglo XIX (primera mitad), movimiento que exalta la pasión, la rebeldía, lo sobrenatural y el yo (Byron, Pushkin, Zorrilla presentan Don Juan románticos).

Modernismo/época victoriana: segunda mitad XIX, moral burguesa más rígida (por eso Don Juan Tenorio seguía gustando con su mensaje moralizante).

Siglo XX modernidad/posmodernidad: diversificación de enfoques, desde existencialismo (Kierkegaard, Camus) hasta posmodernismo cínico (Kundera, Houllebecq)

Bibliografía básica

I. OBRAS LITERARIAS ORIGINALES (DON JUAN EN LA FICCIÓN)

Apollinaire, Guillaume. *El Don Juan de los infiernos* (1911). En *Las once mil vergas y otros relatos*. Relato breve que traslada el mito a la bohemia parisina.

Byron, Lord. *Don Juan* (1819–1824). Poema satírico. Traducción rítmica de Juan González. Madrid: Valdemar, 2005.

Camus, Albert. *El mito de Sísifo* (1942). Contiene el ensayo "Don Juan en el infierno", interpretación filosófica del seductor como héroe absurdo.

Da Ponte, Lorenzo / Mozart, Wolfgang A. *Don Giovanni* (ópera, 1787). Libreto bilingüe italiano-español. Madrid: Alianza Música, 1991. Incluye ensayo de Massimo Mila.

Fuentes, Carlos. *El burlador de Sevilla* (1978). Novela que reinterpreta el mito en clave latinoamericana contemporánea.

Houellebecq, Michel. *Ampliación del campo de batalla* (1994). Traducción de Encarna Castejón. Barcelona: Anagrama.

Houellebecq, Michel. *Las partículas elementales* (1998). Traducción de Encarna Castejón. Barcelona: Anagrama.

Kierkegaard, Søren. *El diario de un seductor* (1843). En *O lo uno o lo otro*. Traducción de varios autores. Madrid: Alianza Editorial, 2013.

Kundera, Milan. *La insoportable levedad del ser* (1984). Traducción de Fernando de Valenzuela. Barcelona: Tusquets.

Marañón, Gregorio. *Don Juan. Ensayo sobre el origen de su leyenda* (1930). Estudio médico-histórico sobre la figura del seductor.

Molière (Jean-Baptiste Poquelin). *Dom Juan ou le Festin de pierre* (1665). En español: *Don Juan o el festín de piedra*. Edición de Carlos Alvar. Madrid: Cátedra, 2010.

Nabokov, Vladimir. *Lolita* (1955). Traducción de Enrique Tejedor. Barcelona: Anagrama, 1989.

Pushkin, Aleksandr. *El convidado de piedra* (1830). En *Pequeñas tragedias*. Edición bilingüe ruso-español de Luis Sáenz. La Habana: Editorial Arte y Literatura, 1978.

Tirso de Molina. *El burlador de Sevilla y convidado de piedra* (c. 1630). Edición crítica de Ignacio Arellano. Madrid: Espasa Clásicos, 1998.

Valle-Inclán, Ramón del. *Las galas del difunto* (1926). Esperpento en el que revisa grotescamente el mito en clave de farsa macabra.

Zorrilla, José. *Don Juan Tenorio* (1844). Edición crítica de Luis Iglesias Feijoo. Madrid: Cátedra, 2004.

II. Estudios y fuentes críticas

Amorós, Andrés; Cuenca, Luis Alberto de, entre otros. "El mito de Don Juan". En *Revista Digital Mercurio*, n.º 163 (2014). Monográfico con artículos de diversos autores sobre adaptaciones recientes.

Barreiro, Javier. *Casanova: el vicio y la virtud*. Zaragoza: Mira Editores, 2002.

Beuchot, Mauricio. *El mito de Don Juan*. México: UNAM, 1993.

El Don Juan en la literatura española (VV. AA.). Madrid: Espasa, colección Austral, 1999.

Fernandez, Dominique. *El último rey mágico*. Ensayo de interpretación literaria y cultural.

Gibson, Ian. *Vida, pasión y muerte de Federico García Lorca*. Madrid: Planeta, 1998. Incluye reflexiones sobre la figura de Don Juan en la obra de Lorca.

López, Félix, y colaboradores. *Don Juan y los donjuanes: mito y realidad*. Madrid: Ediciones Pirámide, 1995.

Lutereau, Luciano. *El sexo difícil: escenas del conflicto entre el deseo y el amor*. Buenos Aires: Paidós, 2018.

Morató, Cristina. *Los grandes seductores y por qué las mujeres se enamoran de ellos*. Barcelona: Plaza & Janés, 2016.

Pérez-Reverte, Arturo. "Don Juan, ¿mito o realidad?". En *Zenda*, 2017. Disponible en línea: [zenda libros / sevillasecreta.co].

Shua, Ana María. "La salvación por las mujeres". En *El País*, 3 de noviembre de 2018.

Soler Gallo, Miguel. *Don Juan: mito literario y realidad histórica*. Madrid: Cuadernos Historia 16, n.º 166, 1988.

ALEJANDRO ALCALÁ

Mujeres apasionadas: entre la obsesión y la libertad sexual

I.S.B.N.: 978-84-1136-926-8

Ninfómanas célebres es una exploración fascinante sobre las mujeres que han marcado la historia con su pasión y deseo, desafiando los límites impuestos por la sociedad. A través de un enfoque audaz y revelador, el autor nos presenta a figuras históricas como Cleopatra, Catalina la Grande y Marilyn Monroe, mostrando cómo su sexualidad fue vista, manipulada y a menudo demonizada. Pero más allá de la sensualidad, estas mujeres fueron líderes, pensadoras y estrategas, utilizando su libertad sexual como herramienta de poder y autonomía. En este ensayo, Alejandro Alcalá desmantela mitos y construye un relato de resistencia y emancipación, cuestionando los prejuicios que aún persisten sobre el sexo y las pasiones. Un libro imprescindible para quienes buscan entender el complejo vínculo entre el deseo femenino, la historia y la sociedad. ¡No te pierdas esta provocadora reflexión sobre el sexo, el poder y la liberación femenina!